新版

やさしい法人税

鈴木 基史［著］

税務経理協会

はしがき

「税法は毎年変わるから，勉強が大変ですね」とよくいわれます。そんなときいつも「基礎知識がしっかりしていれば，難しくないですよ」とお答えします。

どんな勉強でもそうですが，原理原則をおろそかにせず，物事の本質をつかもうとする姿勢が大切です。技術的な問題はさておいて，なぜ，どういう必要性からそういう規定があるのか。どういう状況を念頭においた取扱いなのか，といったことをとことん考え抜くうちに，“タックス・マインド”なるものが養成されます。

税の本質さえ理解できれば，毎年の税制改正なんてまるで微調整です。時々行われる大改正でも法人税の基本がマスターできていれば，若干の勉強でついていけます。

といったわけでここに，枝葉をばっさり切り捨て，幹を十分にふくらませた内容の“教科書”をお届けします。「なぜそうなのか」の意識を常に忘れない，そういう立場で法人税の原理原則をまとめてみました。

実務で税務の仕事に携わっている人はもとより，税理士試験などの受験生も，タックス・マインド養成のため本書をお役立てください。

極力平易な文章を心がけるとともに，話が抽象的にならないよう，具体例や計算例を豊富に盛り込みました。税法で登場する計算式を，そのまま理解しようとしても普通の人には無理です。数字をあてはめて考えれば理解しやすくなります。

「急がば回れ」と申します。ノウハウ本などに目を奪われず，どうかじっくり腰をすえてご勉強ください。

本書は，令和６年度の税制改正に則して所要の手直しを行っています。

読者の皆様のご研鑽を祈念いたします。

最後に，本書の出版にあたっては，税務経理協会の鈴木利美氏に大変お世話になりました。心よりお礼申し上げます。

令和６年４月

鈴木　基史

追記：本書は，1998年の初版刊行からの「年度改正版」をあらため，令和６年の本書より「新版」として刊行いたします。

＜改正の要点＞

法人税制に関する令和６年度の主な改正点は，次のとおりです。

1　賃上げ促進税制の強化

①　大企業と中小企業以外に，中堅企業（従業員数2,000人以下）の区分を設けました。

②　賃上げによる税額控除率の上乗せ数値が見直されました。

③　税額控除率の上乗せ措置に，厚生労働省の「くるみん」（子育て両立支援）・「えるぼし」（女性活躍支援）の認定が追加されました。

④　教育訓練費による上乗せ措置の適用要件として，教育訓練費の額が雇用者給与等支給額の0.05％以上であることが追加されました。

⑤　赤字の中小企業に，税額控除額の５年間繰越しが認められました。

2　交際費の損金不算入制度の見直し

交際費から除外される一定の飲食費の金額基準が，１人あたり5,000円から10,000円に引き上げられました。

3　外形標準課税の見直し

減資等による外形標準課税逃れに対処するため，資本金１億円以下になった場合でも，資本金と資本剰余金の合計額が10億円を超える場合には，外形標準課税の対象とされます。

4　欠損金の繰戻し還付制度の延長

資本金１億円超の大法人に対する不適用措置が２年間延長されました。

目　　次

Ⅱ 売上・売上原価

Ⅲ 販売費及び一般管理費

Ⅴ 資産の評価

Ⅵ 減価償却

Ⅸ 圧縮記帳

Ⅹ 借地権課税

Ⅺ 欠損金の繰越しと繰戻し

Ⅻ 法人税額の計算

XV 企業組織再編成の税務

I 基本事項

1 法人にかかる税金

法人には，何種類もの税金がかかります。そのうち中心となるのは，所得に課税される法人税，住民税，事業税の３つ。事業税は少々異質ですが，法人税と住民税はまさにもうけに対してかかる税金です。

法人税はもうけにかかる税金

会社で納める税金には，さまざまなものがあります。ざっと数え上げても，法人税，住民税，事業税，消費税，固定資産税，自動車税，印紙税，登録免許税，不動産取得税……。いやはや，個人も法人も，世の中税金だらけですね。

そんななか，本書で取り上げるのは，会社のもうけ（所得）に対して課税される「法人税」。個人でも，事業のもうけのみならず，サラリーマンの給料，お年寄りがもらう年金などに所得税がかかります。法人税は所得税と並んで，国庫にとって大きな税収をもたらす税金のひとつです。

2

住民税と事業税は法人税とセットでかかる

国税たる法人税がかかれば，これに連動して地方税の「住民税」と「事業税」がかかります。この２つは，影のごとく法人税に寄り添う税金です。

- 国　税…法人税
- 地方税
  - 住民税
    - 都道府県民税
    - 市町村民税
  - 事業税

住民税には２種類あって，それぞれ都道府県または市町村に納める税金です。正式名称を「都道府県民税」「市町村民税」といい，２つ合わせて住民税と呼びます。

一方，事業税は都道府県に納める税金です。都道府県民税と同時に申告および納税を行い，申告書の用紙も２つの税金がワンセットになっています。

決算書でも同じ箇所で表示

ところで，住民税はまるで法人税の弟分ですが，事業税には多少の独自性があります。事業税はもうけにではなく，**事業の遂行**に対してかかる税金，つまり，○○県内で事業をしていることに対して○○県が課税する，いわば場所代（賃借料）のような性格をもつ税金，という見方をすることがあります。

そういう理屈から，損益計算書ではかつて，事業税は法人税や住民税と区別して,「販売費及び一般管理費」の区分に計上していた時代がありました。

とはいえ，計算の仕方は法人税と同じく「所得金額×○％」です。それならやはり，３つの税金をセットで考える方が素直じゃないかということで，今は，損益計算書を次のように表示することになっています。

損　益　計　算　書

⋮	
税引前当期純利益	×××
法人税，住民税及び事業税	×××
当期純利益	×××

(注)「法人税，住民税及び事業税」という用語は長ったらしいので,「法人税等」と表現する場合もあります。

2 法人の種類

税法では，法人を５種類に分類し，いずれに該当するかで課税と非課税の違い，あるいは適用される税率が違ったりします。

株式会社と有限会社が大多数を占める

日本には300万近い数の法人があり，税法ではこれを次のように分類しています。

- 普通法人……株式会社，有限会社等
- 公共法人……公社，公団，公庫等
- 公益法人……財団法人，社団法人，学校法人，宗教法人等
- 人格のない社団……同窓会，PTA 等
- 協同組合……農協，信用金庫等

「普通法人」とは，株式会社，有限会社，合名会社，合資会社，医療法人などをいい，300万のうち大多数がこれにあたります。なかでも，株式会社と有限会社が圧倒的多数を占めています。

「公共法人」は，公社，公団，公庫などいわゆる特殊法人のこと。たとえば，地方住宅供給公社，地方道路公社，国立大学法人，日本放送協会（NHK）等，約20種類の公共法人があります。

「公益法人」は，営利法人と違って社会一般の利益を目的とする法人です。政府設立の○○事業団といったもののほか，学校法人，宗教法人，財団法人，社団法人，労働組合など，いろいろな種類のものがあります。

「人格のない社団」とは，同窓会，PTA，町内会などのことで，法人となる手続きをとっていないため法人格はありません。しかし税法では，法人として課税することになっています。

「協同組合」には，農業協同組合，事業協同組合，信用金庫などが含まれます。

4

普通法人はすべてのもうけが課税対象

いずれの法人かで，次のように法人税のかかり方が違います。

① 普通法人

すべてのもうけに23.2％（基本税率）の税率で法人税がかかります。

（注） 中小法人（資本金が１億円以下の会社）では，もうけのうち年800万円以下の部分に軽減税率（15％）が適用されます。

② 公共法人

法人税は一切かかりません。

③ 公益法人

収益事業にだけ低率（15％または19％（一部は23.2％））で法人税がかかります。

（注）「収益事業」とは，一般の営利法人と同じような事業をいい，税法で物品販売業，不動産貸付業など34種類のものを指定しています。

④ 人格のない社団

収益事業にだけ普通法人の中小法人と同じ税率（15％または23.2％）で法人税がかかります。

⑤ 協同組合

すべて課税対象ですが，税率は普通法人より低率（15％または19％）とされています。

以上をまとめると，次のとおりです。

種　類	課税・非課税	税　率
普通法人	すべての所得に課税	23.2％（中小法人で年800万円以下の所得金額部分は15％）
公共法人	非課税	
公益法人	収益事業のみ課税	年800万円以下の金額は15％ 年800万円超の金額は19％または23.2％
人格のない社団	収益事業のみ課税	年800万円以下の金額は15％ 年800万円超の金額は23.2％
協同組合	すべての所得に課税	年800万円以下の金額は15％ 年800万円超の金額は19％

3 決算利益と申告所得

【1】 会社の税負担

> 法人税等の表面税率は約31％，実効税率は30％弱です。ところが，損益計算書で，利益に対する税負担がそういう割合になるとは限らない。なぜか？

法人税，住民税および事業税で税負担は31％

一昔前，“もうけが出れば半分近く税金”という言葉をよく耳にしました。しかし今は，法人税の基本税率が23.2％，そこに弟分の住民税と事業税を加え，次のように計算すれば，約31％の税率になります。

$$\underbrace{100\times23.2\%}_{\text{法人税}}+\underbrace{(100\times23.2\%)\times17.3\%}_{\text{住民税}}+\underbrace{100\times3.6\%}_{\text{事業税}}=30.81\%$$

（注） 住民税と事業税の税率は，標準税率によっています。

実際の税負担はもっと少ない？

さてそれでは，たとえば100のもうけが出たとき，現実に31の税金を納めることになるかといえば，さにあらず。税負担は29.74％ですみ，これが「実効税率」です。さきほどの計算による税率（表面税率）との違いは，「事業税」に対する特殊な取扱いからきています。

前に説明したように，事業税は場所代としての性質をもっています。そこで法人税や住民税と違って，もうけ（所得）を計算するときマイナスできます。各年度の税金はすべて，事業税を差し引く前の所得を基に計算しますが，事業税だけは翌年の所得計算で控除できることになっています。そこで1期遅れではありますが，各税額がその分減少します。

実効税率は30％弱

具体的に計算してみましょう。たとえば，事業税を差し引く前の所得（もうけ）を100とすると，事業税を控除した後の所得は，事業税の税率が3.6%なので96.52$\left(\frac{100}{1+0.036}\right)$になります。そうすると次の計算で，実効税率は29.74%です。

法人税　　　　　　　住民税　　　　　　　事業税

$$96.52\times 23.2\% + (96.52\times 23.2\%)\times 17.3\% + 96.52\times 3.6\% = 29.74\%$$

毎年のもうけに大きな変動がなければ，順送りで事業税が控除され，そこで実際の税負担は30%弱に軽減されるというしくみです。

決算利益が同じでも税負担はさまざま

上述のとおり，法人税等の実効税率は約『30%』ですから，たとえば利益が1,000万円出ている会社の決算書は，次のようになるはずですね。

損益計算書（A社）

⋮

税引前当期純利益	1,000万円
法人税等	300万円
当期純利益	700万円

ところが現実には，決算利益が同じ1,000万円でも，次のような決算内容の会社もあります。

損益計算書（B社）

⋮

税引前当期純利益	1,000万円
法人税等	450万円
当期純利益	550万円

損益計算書（C社）

⋮

税引前当期純利益	1,000万円
法人税等	0万円
当期純利益	1,000万円

決算利益と申告所得は違う

半分近くも税金を払って550万円しか残らない会社（B社）があるかと思えば，1,000万円がまるまる手元に残る会社（C社）もあります。C社なんて脱税じゃないの，と疑惑の目を向けている方もあるようですが，もちろんそうではありません。正当な計算で税金が0となっており，実際，世の中にはこういう会社も珍しくありません。

なにゆえ，かくも税負担が異なるのか？　それは，**所得**に税率をかけて税額をはじくのであり，決算利益と申告所得は違うということなのです。

たとえばB社の場合，税金が450万円ということは，税率を30％とすれば所得金額が，450万円÷30％＝1,500万円ということです。

決算利益は1,000万円なのに申告所得は1,500万円――その差500万円は何なのか？　この問題意識が，法人税の勉強のとっかかりといえましょう。

【2】 所得とは

損益計算と所得計算という似て非なる2つの計算があり，計算要素としての収益と益金，費用と損金には，4種類の食い違いがあります。

おおむね一致するが一部に食い違い

利益と所得の計算式は，それぞれ次のとおりです。

収益－費用＝利益……損益計算

益金－損金＝所得……所得計算

よく似た言葉が並んでいますね。言葉だけでなく内容的にも，収益と益金，費用と損金は，ほとんど同じ概念です。たとえば，「売上高」は収益であると同時に益金です。また，「給料賃金」「賃借料」「水道光熱費」などは費用であって，かつ損金です。

大部分の収益・費用項目と益金・損金項目は一致しているのですが，残念なことに一部，食い違っているものがあります。そこで，一部なりと食い違っているがため，結果として，利益と所得の金額が一致しないという現象が生じます。

9

4種類の食い違い項目

食い違い項目には，次の4種類があります。

① **益金算入項目**……益金であるが収益ではないもの

② **益金不算入項目**……収益であるが益金ではないもの

③ **損金算入項目**……損金であるが費用ではないもの

④ **損金不算入項目**……費用であるが損金ではないもの

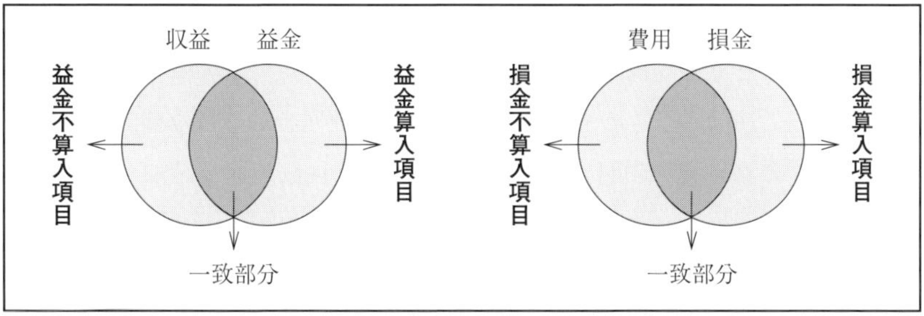

二重課税にならないよう受取配当金は益金から除く

代表的な食い違い項目を，いくつか以下に掲げます。

「**受取配当金**」……益金不算入項目

株式などの保有で得られる配当金は収益で，通常，損益計算書に「営業外収益」として計上します。ところが，所得の計算上は益金となりません。

これは，配当は税引き後の利益から行うものであり，投資先ですでに課税済のお金を投資元が受け取った段階でまた課税対象に含めると，二重課税になるからです。

税法には，“所得に対する課税は1回かぎり”という大前提があります。汗水たらして投資先が稼いだお金が所得で，当然そこには税金がかかります。ところが，その後そのお金を金庫から出して場所を移し替える（配当する）だけでまた課税するなんて，いかにガメツイ税法（失礼！）だとて，そこまでアコギなまねはいたしません。

政策的な理由で交際費は損金扱いしない

「交際費」……損金不算入項目

交際費は，損益計算書で「販売費」として計上されます。売上げを伸ばすために得意先などの接待交際に使うお金ですから，会計上は典型的な費用項目といえます。

ところが税法では，これを損金とみません。交際費の中身は，現実には大部分が飲み食いと贈答です。そんなムダなことにお金を使わなくても商売はできるはず，と考えて税法ではそういう扱いになっています。

ですからこれは，さきの受取配当金のように理屈の話ではなく，政策的な観点からくる食い違い項目です。潔癖症（?）の税法の面目躍如といったところですね。

耐用年数いかんで減価償却額はさまざま

「減価償却超過額」……損金不算入項目

減価償却は，固定資産の取得価額を使用可能期間（耐用年数）に割り振ることです。そこで，減価償却費の計上額は，「耐用年数」いかんで大きく変わります。

たとえば，1,000万円の機械を購入し「定額法」で償却する場合，耐用年数を何年とみるかで，毎年の償却額は，次のように変化します。

耐用年数	償却計算	償却費
10年	：1,000万円÷10年＝	100万円
5年	：1,000万円÷5年＝	200万円
3年	：1,000万円÷3年＝	333万円

計算上の費用項目に対して税法は厳しい扱い

税法の立場（公平な課税）からすれば，このような恣意的な状況は見過ごすわけにいきません。もし，税法で定める耐用年数が５年のものを会社が３年で償却計算し，333万円の費用を計上したときは，損金たる200万円を超過する133万円を食い違い項目として扱うことになっています。

P／L計上額	333万円	……	費用
税法限度額	200万円	……	損金
限度超過額	133万円	⇨	損金不算入

同様の話は，貸倒引当金や賞与引当金などの引当金繰入額についても出てきます。要するに税法では，このようなお金の出入りを伴わない計算上の費用項目に対して，とくに厳しい見方をするということです。

[設　例]

収益が5,000万円，費用が4,000万円の会社で，次の食い違い項目があるとき所得金額は，いくらですか。

・受取配当金　100万円　　・交際費　200万円　　・減価償却超過額　400万円

[計　算]

益金＝5,000万円(収益)－100万円(益金不算入額)＝4,900万円

損金＝4,000万円(費用)－600万円(損金不算入額)＝3,400万円

所得＝4,900万円(益金)－3,400万円(損金)＝1,500万円

収　益	5,000万円	（うち受取配当金 100万円）	→	益　金	4,900万円
費　用	4,000万円	（うち交　際　費 200万円	→	損　金	3,400万円
利　益	1,000万円	償却超過額 400万円）		所　得	1,500万円

(注)　この設例では，収益ないし費用からマイナスする食い違い項目のみとり上げていますが，実際にはプラスするもの（益金算入項目と損金算入項目）もあります。

12

【3】 所得計算

> 法人税申告書で所得金額を計算する際,「益金－損金＝所得」の算式を使わず，利益金額に食い違い項目をプラス・マイナスして所得金額を直接計算します。

決算利益からスタートして所得金額を求める

さて，さきの設例の所得計算で，答は確かに合っているのですが，計算方法には改善の余地があります。わざわざ益金や損金の金額を計算しなくても，ストレートに所得金額が求められるじゃないか，という発想です。

決算で，

5,000万円(収益)－4,000万円(費用)＝1,000万円(利益)

という計算はすでにできています。さらに，食い違い項目が3つあることも判明しています。だったら，決算利益に食い違い項目をプラス・マイナスすれば，所得金額は計算できるはずですよね。次のように計算すればいいでしょう。

1,000万円(利益)－100万円(受取配当金)＋200万円(交際費)
＋400万円(減価償却超過額)＝1,500万円(所得)

収　益	5,000万円	
費　用	4,000万円	
利　益	1,000万円	
↓	－100万円	(受取配当金)
	＋200万円	(交　際　費)
	＋400万円	(償却超過額)
所　得	1,500万円	

食い違い項目をプラス・マイナスする

受取配当は益金不算入，つまり収益で計上し利益金額に含まれていますが，二重に課税されないよう所得金額からは除くということですから，上記の計算でマイナスしています。

一方，交際費や減価償却超過額は，損金不算入の項目です。利益を計算する際に差し引いていますが，所得の計算上は控除できない，その分，所得がふくらむということですから，プラスすればいいですね。

法人税申告書の別表４で所得計算

現実にこういう計算をしているのが，法人税申告書の「別表４」です。法人税の申告書は，頁番号の代わりに“別表○”という言い方をしますから，別表４とは４頁目の表という意味です。

申告書の上でかかる調整計算をするので，この計算のことを「申告調整」といいます。また，プラス・マイナスの代わりに，少しきどって「加算」「減算」という言葉を使ったりします。

さきの設例の計算を，別表４のスタイルで示せば，次のとおりです。

当期純利益	1,000万円
（加算）	
交際費の損金不算入	＋200万円
減価償却超過額	＋400万円
（減算） 受取配当の益金不算入	−100万円
所得金額	1,500万円

食い違い項目を２種類に集約

さきに，食い違い項目には４種類あるといいましたが，さらにこれを次のように，加算項目（所得が増加する項目）と減算項目（所得が減少する項目）の２つに集約することができます。

- 加算項目
  - 益金算入項目
  - 損金不算入項目
- 減算項目
  - 益金不算入項目
  - 損金算入項目

この分類を，各項目の具体例を交えて図示すれば，次のとおりです。

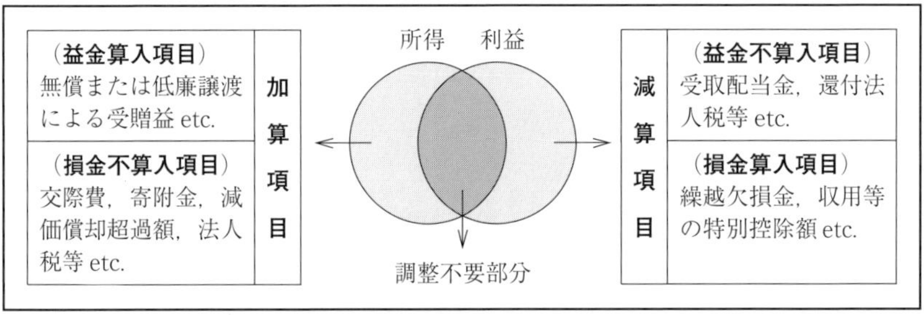

【4】 再び，会社の税負担

申告調整で求めた所得金額に基づいて税額を計算し，「法人税等」を損益計算書に計上します。税引前当期純利益が同じでも，所得金額いかんで決算書上の税負担割合はさまざまです。

所得に基づき税額を計算

もう一度，税負担の話に戻ります。所得金額が計算できたら，次に税率をかけて税額を求めます。さきの設例の会社は所得が1,500万円ですから，法人税等の税率が合計30％だとすれば，税額は，

1,500万円×30％＝450万円

と計算できます。

そこで，最終の損益計算書を作成すれば，次のようになります。

収　　益	5,000万円
費　　用	4,000万円
税引前当期純益	1,000万円
法人税等	450万円
当期純利益	550万円

16

加算項目があれば決算書上の税負担が大きくなる

あれあれ？　この決算書は以前どこかで目にしましたね。そうです，半分近くも税金がかかって550万円しか残らないという悲運（？）のＢ社の損益計算書です。

なにゆえかくも税負担が大きいのか，謎は解けました。交際費や減価償却超過額といった大きな加算項目があるからです。

表向きの決算数値では，1,000万円にまで利益が圧縮されているけれど，税務上の利益ともいうべき所得金額は1,500万円で，その30％の450万円の税負担が生じているという計算ですね。

（損益計算）

収益－費用＝［税引前当期純利益］－［法人税等］＝当期純利益
（1,000万円）　（450万円）　（550万円）

（申告調整）　↓　↑

［所得金額］×税率＝［税額］
（1,500万円）　（450万円）

償却超過でもかまわない

ここでひとつ誤解しないでいただきたいのは，Ｂ社が決算で税法限度を超えて減価償却をしたのはけしからん，などと税法が言っているのではないということです。償却をいくら実施するかは経営上のポリシーの問題で，税法はくちばしをはさむ立場にありません。

税法はそのような経営面の話に関心はなく，要は，公平な課税の観点から，税金計算上，減価償却費を一定額までしか損金として認めない，それを超える金額は償却がなかったものとして税金を計算し，納税さえしてもらったら結構，ということです。

会計上いくら償却するかということと，税金計算でいくらまで損金になるかは別問題です。両者の食い違いは申告調整すればすみます。そのために，別表４なる表が設けられているのですから。

繰越損失は当期の損益計算には関係なし

B社の話のついでに，以前登場したC社の税負担についても検討しておきましょう。利益が1,000万円出てるのに税金が0で，脱税疑惑を持たれているあのC社です。

⋮	
税引前当期純利益	1,000万円
法　人　税　等	0万円
当　期　純　利　益	1,000万円

この会社は，前期が業績不振で1,500万円の赤字でした。つまり，決算書に前期繰越損失が1,500万円計上されています。さてこの繰越損失ですが，会計上，それはあくまで過去の話で当期の損益計算にはまったく関係なく，もちろん当期の費用とはなりません。

税務上欠損金は10年間繰り越せる

ところが税務上は，これが**当期の損金**となります。所得の計算上，赤字は翌期に繰り越して，翌期の利益から控除（損金算入）することができます。翌期に控除しきれない赤字はそのまた翌期に繰り越され，最長10年間の繰越しが認められています（「欠損金の繰越し控除制度」）。

黒字が出れば課税しておきながら，赤字が出たときは知らん振り，では税法も気がひけるのでしょう。この制度は，赤字法人に対する国からの援助制度になっています。余談ですが，この恩典をフルに活用するには，赤字が出たらその後10年以内に，その赤字額以上の黒字を出すことが肝要です。

所得計算で損金算入

さて，繰越欠損金は損金算入項目ですから，C社の別表4では次のように調整計算されています。

当期純利益	1,000万円
（減算） 欠損金の損金算入	−1,000万円
所得金額	0万円

所得が0なので税金は0——これでC社の脱税疑惑も晴れましたね。

当期に控除しきれなかった500万円の欠損金は，翌期に繰り越されます。

（注） 資本金が1億円超の大法人の場合，上記の計算例では，控除額が1,000万円×50％＝500万円に制限されます（詳細はⅪ・1参照）。

【5】 税効果会計について

> 税効果会計は，決算書の表示を工夫するという話。実際に支払う税額ではなく“支払うべき”税額を計算し，損益計算書に計上するやり方のことです。

会計上の一手法

ついでに，ここで税効果会計のことを説明しておきましょう。税効果会計が導入されて20年が経過しました。当初，「どういう節税メリットがあるのか」などとピントはずれの議論もありましたが，さすがに今はもう，そういうことを言う人はいなくなったようです。

これは，あくまで企業会計の経理処理ないし決算書の表示方法の一手法で，税金が安くなるとかいう話では決してありません。

F社は税金と手取りが逆転

たとえば，E社とF社の2社の決算書が，次のとおりであったとします。

	E 社	F 社
⋮	⋮	⋮
税引前当期純利益	1,000万円	1,000万円
法 人 税 等	300万円	450万円
当 期 純 利 益	700万円	550万円

実効税率が約30％ですから，決算利益に対する税負担の割合を考えればE社の姿が自然で，F社のように税額と手取額が逆転するのは決算利益と申告所得が食い違うため，ということでした。

F社に関して，たとえばこういうケースが考えられます。

決算利益　　貸倒損失　　課税所得
1,000万円＋500万円＝1,500万円

1,500万円×30％＝450万円

実効税率に直すための仕訳

不良債権500万円を貸倒損失として処理したけれど，税務上は時期尚早で損金不算入の扱いを受けました。そこでその分，課税所得が膨らみ税負担が増加したということです。この場合，損益計算書で税金の負担割合を実効税率（30%）とするためには，次の仕訳をすればよく，これが税効果会計の処理です。

（借）繰延税金資産　150万円　　（貸）法人税等調整額　150万円

（注） 500万円《貸倒損失》×30%＝150万円

損益計算書

⋮		⋮
税引前当期純利益		1,000万円
法人税等	450万円	
法人税等調整額	△150万円	300万円
当期純利益		700万円

貸借対照表

⋮	
繰延税金資産　150万円	

納めすぎの税金は戻る

損金不算入額（500万円）に対する税金相当額（150万円）を損益計算書から除去し，それを貸借対照表に資産として計上するという処理です。なぜ資産計上かといえば，この150万円は将来回収できる可能性があるからです。つまり翌期以降，貸倒損失が税務上の要件を満たせば損金に算入され，その年度の納税額は減少します。

回収年度の税負担割合も修正

たとえば，翌期に損金算入が認められれば，所得計算は次のようになります（決算利益は1,000万円で，他に食い違い項目はないものとします）。

決算利益		貸倒損失認容		課税所得
1,000万円	－	500万円	＝	500万円

500万円×30％＝150万円

この場合，損益計算書は，次のとおりです。

損　益　計　算　書

⋮	⋮
税引前当期純利益	1,000万円
法　人　税　等	150万円
当　期　純　利　益	850万円

そうすると，ここでまた税負担割合がおかしくなります。そこで，この年度は税効果会計を次のように適用します。

（借）　法人税等調整額　150万円　　（貸）　繰延税金資産　150万円

（注）　500万円×30％＝150万円

損　益　計　算　書

⋮		⋮
税引前当期純利益		1,000万円
法　人　税　等	150万円	
法人税等調整額	150万円	300万円
当　期　純　利　益		700万円

以上の処理を行うことで，前期および当期とも，損益計算書上の税金の負担割合が実効税率の30％に直ります。このように，適正な期間損益計算の観点から，法人税等の金額を税引前当期純利益の金額に合理的に対応させるための会計，それが税効果会計です。

4 益金と損金

【1】 法人税法第22条

法人税法のなかで最も基本になる条文が第22条です。所得の計算式と計算要素（益金および損金）について規定しています。

所得計算のしくみを第22条で規定

法人税法には全部で150を超える条文が設けられていますが，そのなかで最も基本になるのが第22条です。読みにくいかもしれませんが，肝心かなめの条文なので，まずは原文をそのまま読んでみてください。

1 内国法人の各事業年度の所得の金額は，当該事業年度の益金の額から当該事業年度の損金の額を控除した金額とする。

2 内国法人の各事業年度の所得の金額の計算上当該事業年度の益金の額に算入すべき金額は，別段の定めがあるものを除き，資産の販売，有償又は無償による資産の譲渡又は役務の提供，無償による資産の譲受けその他の取引で資本等取引以外のものに係る当該事業年度の収益の額とする。

3 内国法人の各事業年度の所得の金額の計算上当該事業年度の損金の額に算入すべき金額は，別段の定めがあるものを除き，次に掲げる額とする。

① 当該事業年度の収益に係る売上原価，完成工事原価その他これらに準ずる原価の額

② 前号に掲げるもののほか，当該事業年度の販売費，一般管理費その他の費用（償却費以外の費用で当該事業年度終了の日までに債務の確定しないものを除く。）の額

③ 当該事業年度の損失の額で資本等取引以外の取引に係るもの

益金と損金の概念を定義

一読して，最初に「益金－損金＝所得」の基本算式を示し，さらに益金と損金の概念をそれぞれ定義する構成になっているのが分かりますね。

益金と損金は，原則として収益ないし費用とイコールです。ただし，いずれも「別段の定めがあるものを除き……」と書かれており，この記載が受取配当金，減価償却超過額といった食い違い項目の存在を示しています。

つまり，法人税法の他の条文で次のような規定が設けられています。このような食い違い項目を除いて，「益金＝収益」「損金＝費用」であるという意味です。

① 受取配当金の益金不算入（第23条）

② 減価償却超過額の損金不算入（第31条）

③ 繰越欠損金の損金算入（第57条）etc.

24

資本取引は課税対象から除く

また，上記条文では「資本取引」に基づくものは益金や損金にならない，と規定しています。

ここで資本取引とは，株主から払い込まれた元手（投下資本）自体が増減する取引のことです。これに対して，元手の利用で生ずる取引（購買取引，販売取引など）のことを「損益取引」といいます。“元手には課税しない”という税法の立場上，2つの取引は厳密に区別しなければなりません。

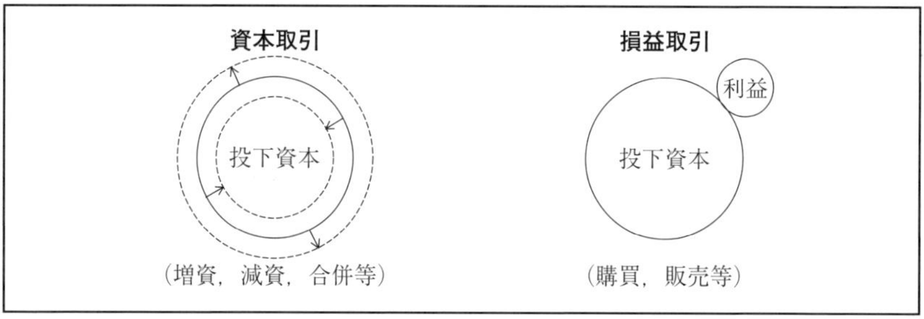

資本取引の代表例は，増資，減資，合併の取引です。そこで，これらの取引から生ずる「株式払込剰余金」「減資差益」「合併差益」は，原則として益金扱いされません。また，剰余金の分配も資本取引に含む扱いになっているので，株主に配当金を支払っても損金にはなりません。

【2】 益金とは

> 販売や譲渡で益金が発生します。時価より安く売ると売り主と買い主の双方に課税が及ぶことにご留意ください。

益金の具体例を７つ掲げる

さきの条文の第22条第２項では，益金となる収益の具体例を次のように列挙しています。

① 資産の販売による収益

② 有償の資産譲渡による収益

③ 有償の役務提供による収益

④ 無償の資産譲渡による収益

⑤ 無償の役務提供による収益

⑥ 無償の資産譲受けによる収益

⑦ その他の取引による収益

①でいう「販売」とは，商品や製品など棚卸資産の売上げのこと。②の「譲渡」は，有価証券や固定資産など棚卸資産以外の資産の売却。また，③の「役務提供」は，サービス業における売上げです。

無償で資産を譲り受けたときは益金を計上

④・⑤は後回しにして，⑥により，タダでものをもらったときは益金を計上しなければなりません。たとえば，代理店が販売元からタダで営業車をもらったときに，タダだから仕訳しないではすみません。税務上は，たとえば時価100万円の車なら，次の仕訳を要求されます。

（借）車　　　　両　100万円　（貸）受　贈　益　100万円

実務では貸方科目を「雑収入」とするでしょうが，要するに贈与によって100万円の経済的利益を受けたので，それを収益計上するということです。もしこの仕訳をせず，損益計算書に収益を計上しないときは，別表4で加算することになります。

無償で資産を譲渡した側にも益金

上記の①～⑦のうち，分かりにくいのは④と⑤の取扱いです。無償で資産の譲渡や役務の提供を行ったとき，そこに課税するとはどういう意味なのか？

誤解のないよう念を押しますが，ここで税金がかかるといっているのは，タダでものを渡した側であり，もらう側ではありません。タダでもらった側の扱いは⑥に規定されており，さきほど説明したように受贈益の計上が要求されるということです。

贈与を受ける側のみならず贈与した側にも税金がかかるだなんて，税法はいったい何を考えているのやら……実はそこには，常識では考えの及ばない，税法独特のとんでもない発想が秘められているのです。

土地転がしで子会社の赤字を一掃？

具体例で説明しましょう。たとえば，大赤字を抱えている子会社を親会社が支援するケースを考えます。子会社の赤字解消策として，親会社の所有する土地を格安で子会社に売り，それを子会社が転売して利益を上げるというシナリオを考えたとします。

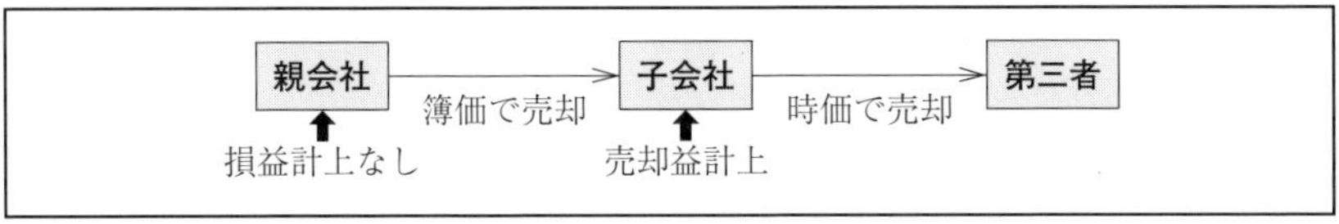

くだんの土地は時価5,000万円ですが，ひと昔前に買ったものなので帳簿価額は1,000万円です。したがって，まず親会社が簿価で子会社に売り，次に転売すれば子会社に4,000万円の利益が転がりこみますね。会社は，次のように仕訳しました。

＜**子会社**＞

購入時：

（借）	土　地	1,000万円	（貸）	現　金	1,000万円

転売時：

（借）	現　金	5,000万円	（貸）	土　地	1,000万円
				土地売却益	4,000万円

＜**親会社**＞

売却時：

（借）	現　金	1,000万円	（貸）	土　地	1,000万円

28

購入時点で益金計上

この仕訳はいずれも，法人税法第22条に照らしてまちがっています。まず，子会社側の処理を検討します。

時価5,000万円するものを1,000万円で手に入れたということは，子会社は差し引き4,000万円の経済的利益を受けた，いいかえれば4,000万円相当の資産をタダで手に入れたということですから，前記⑥（無償の資産譲受け）の定めにより子会社は次のように処理しなければなりません。

購入時：

（借）	土　地	5,000万円	（貸）	現　金	1,000万円
				受贈益	4,000万円

転売時：

（借）	現　金	5,000万円	（貸）	土　地	5,000万円

子会社が受け入れた土地の値打ちは5,000万円ですから，この金額で資産に計上しなければなりません。1,000万円は売り手側が過去に購入した値段であり，買い手には直接関係のない数字です。

そこで，子会社には購入時に4,000万円の益金が発生します。つまり，子会社で上がる利益は，転売時ではなく親会社から購入する時点で，すでに計上されていなければならないということです。

子会社

↑

×~~売却益計上~~

○受贈益計上

親会社でも益金計上

次に，親会社の側にも処理誤りがあります。会社の仕訳は，簿価1,000万円の土地を1,000万円で売った事実を忠実に反映しているようにみえます。ところが，ここで前記④（無償の資産譲渡）タイプの益金の登場です。

身内を相手に格安で取引しているので利益が出ていませんが，この土地は5,000万円の値打ちがあります。第三者が相手なら当然4,000万円の利益が出るはず――そこで④では，その出るはずの利益を計上すべし，といっているのです。

親会社

↑

×~~損益計上なし~~

○売却益計上

税務上，親会社は，次の仕訳を要求されます。

（借）	現　　金	1,000万円	（貸）土　　地	1,000万円
	寄　附　金	4,000万円	土地売却益	4,000万円

売却代金の一部を相手に返金

借方で「寄附金」なる科目がとつぜん登場して“？？”という感じですね。謎解きをすれば，こういうことです。

簿価1,000万円の土地を5,000万円で売って4,000万円の利益が出た。そこで，親会社は5,000万円の現金を手にしたはず。ところが，手元には1,000万円しかない。残りの4,000万円はいずこへ……それは相手（子会社）の手に渡っている。つまり，子会社が1,000万円しか払わなかったということは，子会社に4,000万円を返金したのと同じこと。結局，親会社は最初5,000万円受け取って，そこから4,000万円を子会社に寄附した，こういう見方を法人税はします。

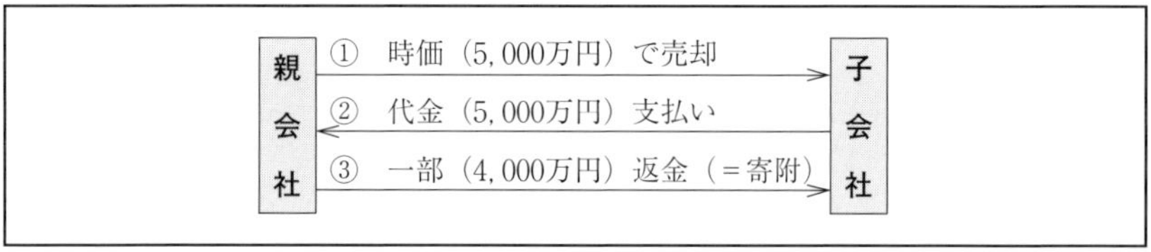

取引の実態は，親会社から子会社への援助（損失補塡）ですから，それぞれに「寄附金」と「受贈益」が計上され確かにつじつまは合います。しかし，なんともひねくれた見方で，このようにときとして法人税は，簿記会計の頭では考えつかないような発想をすることがあります。

損益計算には影響なし

簿記会計の目でこの仕訳をみれば，「寄附金」は費用で「土地売却益」が収益ですから，収益と費用を同額で両建て経理しているだけの話。当期利益の金額には影響せず，さきに示した会社の仕訳でも，とくに問題は生じません。

（会計上の低廉譲渡）

寄附金　⇨　費用に計上
売却益　⇨　収益に計上
⇨　利益に影響なし

寄附金は損金不算入

ところが税法の話になると，ことはそう簡単ではありません。「土地売却益」はもちろん益金ですが，「寄附金」は損金不算入の扱いです。

寄附金を損金扱いすると，もうけを全部寄附して税金を納めない，なんていうやからが出てきかねません。それは国にとって由々しき事態。そこで，“寄附はご自由にどうぞ，ただし税金はいただきます”という取扱いになっているのです。

さてそうなると，税務上は両建て経理の話だけではすみません。益金にだけ目を向けて損金は無視——となると，親会社にも課税の手が及びます。

（税務上の低廉譲渡）

寄附金 ⇨ 損金不算入
売却益 ⇨ 益金算入
⇨ 所得が発生

親会社と子会社にダブル課税

話をまとめましょう。親会社と子会社の間で土地を安く売り買い（低廉譲渡）したとき，税法が要求する仕訳は，次のとおりです。

＜子会社＞

（借）	土　　　地	5,000万円	（貸）現　　　金	1,000万円
			受　贈　益	4,000万円

＜親会社＞

（借）	現　　　金	1,000万円	（貸）土　　　地	1,000万円
	寄　附　金	4,000万円	土地売却益	4,000万円

子会社では，「受贈益」に対して課税されます。法人税等の税率が合計で約30％ですから，4,000万円×30％＝1,200万円の納税を覚悟しなければなりません。他方，親会社でも「土地売却益」に対して同額の課税問題が生じ，両社あわせて2,400万円。この取引で実際に動いたお金は1,000万円だけですから，それだけでは2,400万円もの税金は払えません。納税のために借金せざるをえない，という事態も予想されます。

（低廉譲渡の課税関係）

- 売り主……時価で売ったものとして課税
- 買い主……受贈益に対する課税

通常なら買い手に法人税はかからない

さて，身内でなく第三者相手の取引なら，当然5,000万円のお金が動くはず。そのとき両社の仕訳は，こうなります。

＜買い手＞

（借）	土　地	5,000万円	（貸）	現　金	5,000万円

＜売り手＞

（借）	現　金	5,000万円	（貸）	土　地	1,000万円
				土地売却益	4,000万円

この場合，買い手には法人税なんてかかりません。それもそのはず，法人税は売り手にかかる税金であり，買い手には消費税はともかく，法人税なんてお呼びでないのが本来の姿です。さっきのように買い手の子会社に法人税がかかるだなんて異例な話です。

一方，売り手には「土地売却益」に対する税金がかかりますが，これはあたり前の話。しかもその場合，1,200万円の税金は，5,000万円の売却代金から払えるはずですね。

34

低廉譲渡にはみなし課税

そもそも法人税が課税対象にする会社は“利益追求集団”です。ボランティアの組織ではありません。ですから，会社は常に経済的に合理的な行動をとるはずで，みすみす自分が損する取引をするはずがない，と税法は考えます。

そこで，低廉譲渡のような不自然な取引が行われたとき，「みなし課税」（時価で売ったものとみなす）の取扱いが設けられているのです。

ついでにいえば，個人の「所得税」の扱いはまったく違います。親が子供に土地を安く売ったとき，所得税にみなし課税の規定はありません。所得税は親が受け取ったお金に対してだけ課税することになっています。

もし1銭も受け取らなかったら，所得税は課税されません。ただし，個人には「贈与税」という税金が別に設けられているのでご用心！　子供が時価より安く手に入れたら，その子供に贈与税がかかる仕組みになっています。

（**法人間の贈与**）

- 贈与した法人……法人税（みなし譲渡）の課税
- 贈与を受けた法人……法人税（受贈益）の課税

（**個人間の贈与**）

- 贈与した個人……課税なし
- 贈与を受けた個人……贈与税の課税

【3】 損金とは

> 原則として費用＝損金ですが，費用は発生主義，損金は債務確定主義で認識する点に違いがあります。税務では，法律上の債権・債務関係の成立を重視します。

損益計算書の費用項目を列挙

法人税法22条３項では，次のものが損金にあたると規定しています。

> ① 当該事業年度の収益に係る売上原価，完成工事原価その他これらに準ずる原価の額
>
> ② 前号に掲げるもののほか，当該事業年度の販売費，一般管理費その他の費用（償却費以外の費用で当該事業年度終了の日までに債務の確定しないものを除く。）の額
>
> ③ 当該事業年度の損失の額で資本等取引以外の取引に係るもの

①の「完成工事原価」とは，建設業の会社における売上原価のことです。また，損益計算書の用語に置き換えれば，②の「その他の費用」は営業外費用，③の「損失」は特別損失を意味します。

つまり，この条文が言わんとするのは，損益計算書上の費用項目たる売上原価，販売費及び一般管理費，営業外費用，特別損失が損金にあたるということです。

売　上　高	×××
売　上　原　価	×××
売上総利益	×××
販売費及び一般管理費	×××
営　業　利　益	×××
営業外収益	×××
営業外費用	×××
経　常　利　益	×××
特　別　利　益	×××
特　別　損　失	×××
税引前当期純利益	×××
法　人　税　等	×××
当期純利益	×××

損金は債務確定を要す

さて，上記②のカッコ書きにご注目ください。「償却費以外の費用で当該事業年度終了の日までに債務の確定しないものを除く」というくだりです。

損金であるためには債務の確定を要する（「債務確定主義」）という内容ですが，減価償却費は計算上の数字で債務確定ということがあり得ないので，これだけは例外とされています。

債務確定の判定基準は，次のとおりです。

① 債務が期末までに成立しているかどうか

② 給付の原因となる事実が期末までに発生しているかどうか

③ 期末までに金額を合理的に算定できるかどうか

未払費用の損金性は3つの条件で判定

決算で計上する「未払費用」が損金として認められるかどうかは，この3つの条件に照らして判断します。たとえば，“未払給料”に関して債務確定の問題を考えると，次のとおりです。

[設　例1]

給料を毎月20日に締め切り25日に支給する３月決算の会社で，3月21日から末日まで11日間の給料を未払い計上したとき，これは損金になりますか。

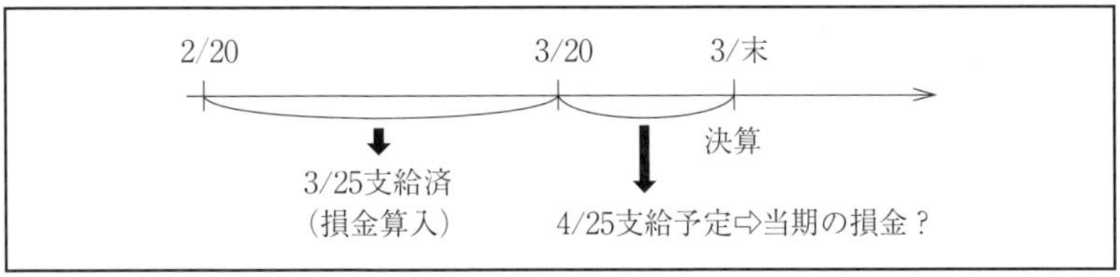

[検　討]

まず判定基準の①に照らして，期末時点で従業員と会社の間に給料の支払いにつき債権・債務の関係が成立しているかどうかです。もし従業員が３月末に退職した場合，会社はその11日間の給料を支払わなくていいかといえば，とんでもない。従業員は当然もらうつもりでいるし，そんなことをすれば労働基準法に違反するでしょう。

次に②の検討。給料支払いの原因となる事実といえば，従業員による労力の提供ですね。となると，その11日間はすでに働いていますから，原因となる事実は発生済。あと残るは③の条件ですが，11日間の給料の金額は，しようと思えば正確に計算できます。ただし，ここで問題となるのは「合理的に」算定できるかどうかですから，厳密な計算をしなくても，たとえば４月25日の支給額に基づく日割り計算で求めてもかまわないということです。

以上，３つの条件をすべてみたすので，この未払給料は損金になります。

［設　例２］

労使間のベースアップ交渉が４月に妥結。業績好調なので，今年は１月にさかのぼってベースアップを実施する３月決算の会社で，１月～３月のベースアップ差額を未払い計上したとき，これは損金になりますか。

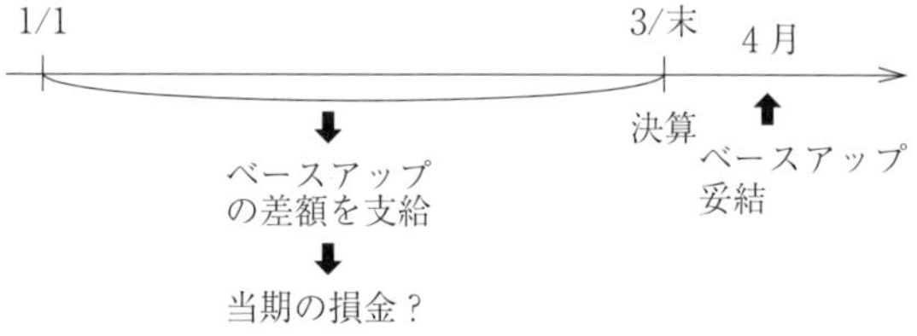

［検　討］

会計上は，労力の提供がすでにあるから費用の発生とみるかもしれません。しかし，税務上の損金性の判断はもっとシビアです。ベースアップが決まったのは４月以降で，期末（３月末）時点で債務は成立していない。したがって，①の条件に反するので損金にはならない，というのが結論です。

Ⅱ 売上・売上原価

1 収益の計上基準

【1】 棚卸資産の販売による収益

売上収益は，引渡日に計上することとされ，多くの会社で出荷基準が採用されています。委託販売や割賦販売など特殊な販売形態には，例外的な基準が認められています。

引渡基準で売上計上

企業会計では，商品や製品の「売上高」は「実現主義」で認識することになっています。代金の受取りがあったかどうかに関係なく，商品を相手に引き渡した時点で売上収益を計上しなければなりません。

税法でも，企業会計と同じく「引渡基準」を採用し，“引渡し”に関する具体的な判定基準として，次の３つを定めています。

① **出荷基準**……商品等を工場や倉庫から出荷した日に売上計上するやり方

② **検収基準**……商品等を納品し先方が検収した日に売上計上するやり方

③ **使用収益基準**……先方が使用収益できる状態になった日に売上計上するやり方

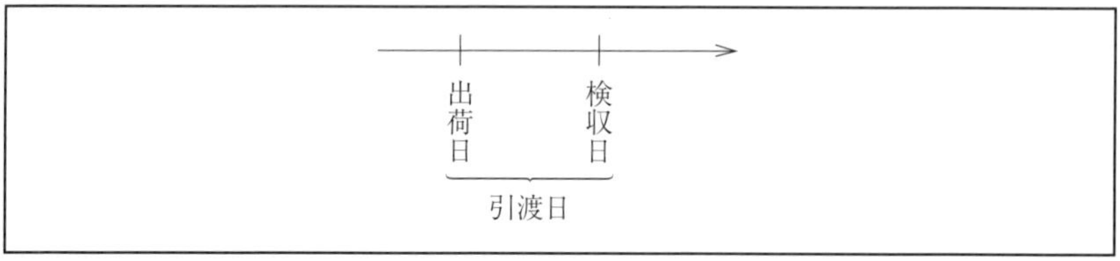

一般には出荷基準の適用が多い

実務では,「出荷基準」が一般的です。厳密な意味での引渡しは，上記の②や③の状態で，①はフライング気味かもしれません。ところが，相手方の検収や使用収益を把握するのは，実務ではなかなか骨の折れる作業です。そこで通常，出荷すれば数日後には検収されることから，多くの会社で事務処理の簡単な出荷基準が採用されています。

「検収基準」は，機械メーカーなどで製品の納入後，据付けや試運転などでかなりの日数を要する場合などに採用されます。

また,「使用収益基準」は，もっぱら不動産取引に適用され，たとえば不動産会社では，住宅や事務所の鍵を引き渡した時点で売上計上するのが一般的です。

合理的な基準を継続適用

ところで，企業会計と同様に，税法でも「継続性の原則」が要求されます。そこで，会社ごとに引渡しの日とすることが合理的と考えられる売上計上基準を選択し，その基準を毎期継続して適用しなければなりません。

なお，合理的な理由があれば，同じ会社で複数の基準を選択することも可能です。たとえば，通常の製品は出荷基準，据付けや試運転を要する大型製品は検収基準で処理するといったやり方が考えられます。

特殊な販売形態には例外的な基準が認められる

通常と異なる特殊な販売形態については，次のような基準が認められています。

委託販売 ⇨ 売上計算書到達日基準
割賦販売
延払条件付譲渡 ⇨ 延払基準

いずれの販売形態でも，原則として引渡基準で処理します。しかし，事務処理の煩雑さや代金回収の困難さなどを考慮して，これらの特殊な基準を適用することもできます。

委託販売には売上計算書到達日基準が適用できる

「委託販売」は，繊維の業界などで見かける取引です。メーカーから量販店（スーパーや百貨店）に製品が納品されてもすぐには検収されません。その量販店の売り場で消費者に売れて初めて検収し，支払われるという販売形態です。

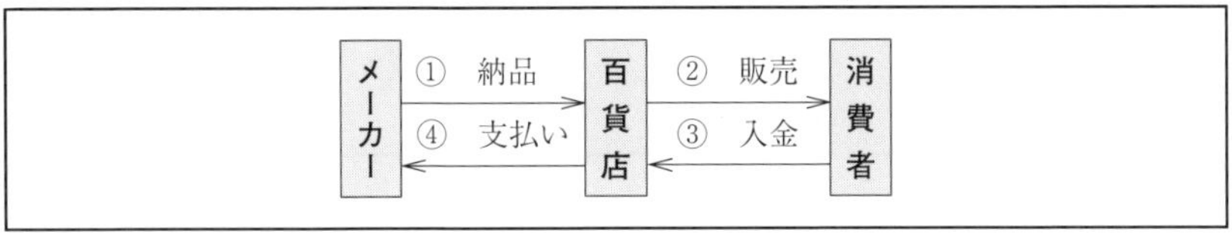

この場合，メーカー側は消費者に売れて初めて債権が確定します。そこで，その時点で売上計上するのが理にかなっています。決算日までに販売されたものを売上計算書などで選り分ければいい，ということですが，実務的にそのような処理は煩雑です。

そこで，売上計算書が月以下の単位で定期的に送られてくるなら，その計算書が到達した日を売上収益計上日とすることができます。

42

延払基準では支払期限の到来した賦払金に見合う利益を計上

電化製品の販売などで行われる「割賦販売」，そこでは代金回収の危険性などを考慮して収益を慎重に認識するため，引渡基準に代えて割賦金の回収期限の到来の日を売上計上日とする基準（「延払基準」）が認められています。

延払基準では，次の算式で計算した金額を収益と費用に計上します。

＜算式＞

当期収益＝割賦販売の対価の総額×賦払金割合

当期費用＝割賦販売の原価の総額×賦払金割合

（注１） $$\text{賦払金割合}=\frac{\text{当期中に支払期限が到来する賦払金}}{\text{割賦販売の対価の総額}}$$

（注２） 割賦販売の原価には，販売手数料を含みます。

［設　例］

次の場合に，当期に計上すべき収益および費用は，いくらですか。

売　上　高	500万円
売上原価	300万円
販売手数料	50万円
当期中に支払期限の到来した賦払金	200万円

［検　討］

$$\text{賦払金割合}=\frac{200\text{万円}}{500\text{万円}}=40\%$$

当期収益＝500万円×40％＝200万円

当期費用＝（300万円＋50万円）×40％＝140万円

［決算書］

貸　借　対　照　表

商　品	210万円		

損　益　計　算　書

売上原価	140万円	売　上	200万円

（注） 商　品：（300万円＋50万円）－140万円＝210万円

延払期間が２年未満なら延払基準の適用なし

なお，商品供給機能のみを果たし金融機能を第三者に委ねている企業の収益計上基準との兼ね合いで，賦払期間が２年未満の割賦販売には割賦基準の適用が認められません。原則どおり，引渡し時に収益計上しなければなりません。ただし，販売代金のうち金利相当部分は，それを区分経理していれば割賦基準で処理できます。

平成30年度改正で延払基準は廃止

長期割賦販売等で選択適用が認められていた延払基準が，平成30年４月１日以後に終了する事業年度からリース取引を除き，経過措置を講じた上で廃止されました。

なお，平成30年４月１日前に長期割賦販売等を行った場合には，令和５年３月31日までに開始する各事業年度までは，現行どおりの延払基準が適用できます。

また，平成30年４月１日以後に延払基準の適用を止めた場合には，延払利益額は10年間で均等収益計上が可能です。

44

【2】 請負による収益

> 請負工事には，原則として工事完成基準を適用しますが，部分完成基準や工事進行基準で処理することもあります。

工事完成基準は通常の引渡基準

建設業や造船業など請負による収益にも，原則として引渡基準が適用され，具体的には「工事完成基準」で処理します。これは，工事が完成しそれを相手方に引き渡した時点で工事収益を計上するやり方です。

なお，同一の契約で多数の工事を請け負った場合に，部分的な引渡しで代金をもらうことになっているときは「部分完成基準」で処理しなければなりません。たとえば，建売住宅10戸の建設を請け負い，１戸が完成し引き渡すつど代金を受け取ることになっている場合などがこれにあたります。

長期大規模工事には工事進行基準

工事期間が１年以上で，かつ請負金額が10億円以上の長期請負工事には「工事進行基準」を適用すべきこととされています。これは工事が完成する前に，決算で工事進行程度を見積もって，部分的に工事利益を計上するやり方です。

小規模工事にも工事進行基準の適用は可能

一定規模以上の工事には，法人税の負担格差を是正する観点から，各期間の企業業績を適切にあらわす工事進行基準の適用が強制されますが，小規模の工事についてまでこの基準を適用すると，事務負担が著しく増加します。

そこで，10億円未満の規模の工事には，原則どおり工事完成基準が適用されます。ただし，そういった工事についても，選択により工事進行基準を適用することは可能です。

工事進行基準では，次の算式で計算した金額を収益と費用に計上します。

＜算式＞

当期収益＝工事請負金額×工事進行割合－前期以前に計上した収益累計額

当期費用＝工事原価の額×工事進行割合－前期以前に計上した費用累計額

（注１）「工事原価の額」は，期末の現況により見積もった金額です。

（注２）$$\text{工事進行割合}=\frac{\text{実際工事原価の期末累計額}}{\text{予想工事原価の総額}}$$

［設　例］

次の場合に，当期に計上すべき収益および費用は，いくらですか。

区　　分	着工事業年度（１期）	翌事業年度（２期）	引渡事業年度（３期）
請　負　金　額	300百万円	310百万円	360百万円
予想工事原価の総額	240百万円	250百万円	—
予想工事利益の額	60百万円	60百万円	—
実際工事原価の期末累計額	48百万円	200百万円	300百万円

［計　算］

① **着工事業年度（１期）**

$$\text{工事進行割合}=\frac{48\text{百万円}}{240\text{百万円}}=20\%$$

当期収益＝300百万円×20％＝60百万円

当期費用＝240百万円×20％＝48百万円

② **翌事業年度（２期）**

$$\text{工事進行割合}=\frac{200\text{百万円}}{250\text{百万円}}=80\%$$

当期収益＝310百万円×80％－60百万円＝188百万円
当期費用＝250百万円×80％－48百万円＝152百万円

③　**引渡事業年度（3期）**

当期収益＝360百万円－（60百万円＋188百万円）＝112百万円
当期費用＝300百万円－（48百万円＋152百万円）＝100百万円

［決算書］

（1期）

損　益　計　算　書

完成工事原価	48百万円	完成工事高	60百万円

（2期）

損　益　計　算　書

完成工事原価	152百万円	完成工事高	188百万円

（3期）

損　益　計　算　書

完成工事原価	100百万円	完成工事高	112百万円

―参　考―

工事完成基準で処理すれば，決算書は次のようになります。

（1期）

貸　借　対　照　表

未成工事支出金	48百万円		

（2期）

貸　借　対　照　表

未成工事支出金	200百万円		

（3期）

損　益　計　算　書

完成工事原価	300百万円	完成工事高	360百万円

【3】 その他の収益

> 一般の会社では，営業収益ではありませんが，固定資産や有価証券の譲渡，受取利息，受取配当金についても，それぞれ税法では収益計上基準が示されています。

不動産は引渡日または契約日に収益計上

固定資産の譲渡収益にも，棚卸資産と同じく，原則として引渡基準を適用します。その際，土地の引渡日が明らかでないときは，次に掲げる日のいずれか早い日に引渡しがあったものとされます（商品土地も同様の扱いです）。

① 代金の50%以上を受け取った日

② 所有権移転登記の申請をした日（または登記に必要な書類を相手方に交付した日）

なお，土地や建物など不動産を譲渡したときは，特別の取扱いがあります。それは，譲渡契約の効力発生の日（通常は契約日）に収益計上すること。この「契約日基準」は，あくまで固定資産たる不動産にのみ適用される取扱いです。不動産会社などが所有する棚卸資産（商品）たる不動産は，原則どおり引渡基準で処理しなければなりません。

棚卸資産の不動産 ⇨ 引渡基準のみ
固定資産の不動産 ⇨ 引渡基準または契約日基準

有価証券は契約日に収益計上

有価証券の譲渡収益には,「契約日基準」が適用されます。譲渡契約をした日に売却損益を計上しなければなりません。棚卸資産や固定資産のように,引渡基準の適用は認められていませんのでご注意を。

受取利息は発生基準または利払日基準で計上

預貯金,貸付金,有価証券の利子は,原則としてその利子の計算期間に応じて収益計上します(「発生基準」)。つまり,決算期末に経過勘定(未収利息または前受利息)の処理をしなければなりません。

なお,金融機関を除く一般の事業会社では,利子の支払期日が1年以内の一定期間ごとのものについて,支払期日に計上する処理(「利払日基準」)も認められます。

金融機関 ⇨ 発生基準のみ
一般事業会社 ⇨ 発生基準または利払日基準

ただし,資金の転貸のように,貸付金と借入金がひもつきの見合い関係にあるものにこの基準の適用はダメ。支払利息の処理に合わせて受取利息も発生基準で処理しなければなりません。

受取配当金は権利確定日または入金日に計上

受取配当については,原則として配当決議の日など権利の確定した時点で収益計上しますが,実際の入金日に計上することも認められます。

たとえば,3月決算の上場企業は,6月下旬の株主総会で配当の支払いが確定し,7月上旬に支払うのが一般的です。そうすると,受取側が6月決算の会社なら,いずれの基準で処理するかで期間損益や所得金額が違ってきます。

なお,「入金日基準」の処理は,通常の配当支払期間内に支払いを受けるものに限られます。配当確定日から支払日までの期間が理由もなく長期にわたるものには適用されません。

2 割戻し（リベート）の計上基準

> 一定の基準で支払う売上割戻しは，売上高から控除されますが，基準の内容や相手方への明示の有無で算入時期が違います。また，仕入割戻しの仕入高控除時期は，売上割戻しと対応させて定められています。

売上割戻しは損金算入

売上高や売掛金の回収高に比例して得意先に支払う売上げの割戻金（リベート），これは売上高から控除されます。たとえ売上高等に比例しないものでも，得意先の営業地域の特殊事情や協力度合いなどを考慮して支払えば，同様に扱われます。

また，金銭の支払いに代えて，売上割戻しと同一基準で「事業用資産」や「少額物品」を渡す場合も同様です。

(注)
- 事業用資産……得意先で棚卸資産として販売し，または固定資産として使用することが明らかな物品
- 少 額 資 産……購入単価が3,000円以下の物品

条件が整えば未払計上可

会計上，売上割戻しは原則として，商品等を販売した年度の売上高から控除します。ただし，税務上その処理が認められるためには，次の条件を満たした上で，販売した期間の決算で売上控除の処理をしなければなりません。

① 割戻しの算定基準を契約書等で相手方に明示し，または決算日時点において内部的に決定されていること

② 継続して適用する合理的な算定基準により，割戻し額が算定されていること

③ ①・②の書類が保存されていること

以上の要件を満たさないとき，あるいはこの取扱いの適用を受けないときは，割戻しの金額を相手方に通知または支払いをした期間の売上高から減額されます。

(注) 売上値引き(値増し)についても，上記と同様の処理が認められます。

売上割戻しに対応させて仕入割戻しを計上

割戻金を受け取った側は，それを仕入高から控除しなければなりません。「仕入割戻し」の計上時期は，売上割戻しの取扱いに対応させて次のように定められています。

① 計算基準があり，かつ，その基準が明示されているとき
　商品等を購入した期間の仕入高から控除

② ①以外のとき
　割戻金の通知を受けた期間の仕入高から控除

売上割戻しと仕入割戻しの計上時期に関する取扱いをまとめると，次のとおりです。

	売上割戻し	仕入割戻し
計算基準が相手方に明示されているもの	原則：販売日 例外：通知日または支払日	購入日
計算基準が明示されていないもの	通知日または支払日	通知日

3 消費税の取扱い

消費税の経理処理には，税込み経理と税抜き経理の２種類があります。理論的には税抜き経理が正しいのですが，事務処理の簡便化のため税込み経理を採用している会社も中小企業には多くあります。

消費税額を売上高・仕入高に含めるか否かの違い

消費税の経理処理には，次の２つのやり方があります。

- 税込み経理 ⇨ 消費税額を売上高と仕入高に含めて処理するやり方
- 税抜き経理 ⇨ 消費税額を売上高と仕入高に含めず区分して処理するやり方

［設例１］

次の場合に，税込み経理または税抜き経理では，それぞれどのように処理しますか。

① 課税期間の仕入高　88,000千円（うち消費税8,000千円）
② 課税期間の売上高　110,000千円（うち消費税10,000千円）
③ 消費税の納付税額　2,000千円（10,000千円－8,000千円）

［仕　訳］

(1) 税込み経理の仕訳

① 仕入時：	（借）仕　　入	88,000	（貸）買 掛 金	88,000
② 売上時：	（借）売 掛 金	110,000	（貸）売　　上	110,000
③ 決算時：	（借）租税公課	2,000	（貸）未払消費税	2,000
④ 納付時：	（借）未払消費税	2,000	（貸）現金預金	2,000

(2) 税抜き経理の仕訳

① 仕入時：	（借）仕　　入	80,000	（貸）買 掛 金	88,000
	仮払消費税	8,000		
② 売上時：	（借）売 掛 金	110,000	（貸）売　　上	100,000
			仮受消費税	10,000
③ 決算時：	（借）仮受消費税	10,000	（貸）仮払消費税	8,000
			未払消費税	2,000
④ 納付時：	（借）未払消費税	2,000	（貸）現金預金	2,000

52

理論上は税抜き経理が正しい

２つの方式を比べると，理屈のうえでは「税抜き経理」に軍配があがります。なぜなら，消費税は間接税でその最終負担者は消費者ですから，価格転嫁が適正に行われれば事業者にとってこの税金は通過勘定です。つまり，売上げ分の税金は「預り金」，仕入れ分の税金は将来納付時に税額控除することを予定した「立替金」で，いずれも損益項目ではありません。

ただし，実務上の問題として，税抜きで経理するのはかなり手数を要します。そこで事務処理の簡単な「税込み経理」が簡便法として認められています。

両方式で法人税の課税所得が違う

消費税の計算自体は，経理処理に関係なく「売上高×10％－仕入高×10％」の算式で行います。税込み経理と税抜き経理のいずれで処理しても，納付する消費税額に変わりはありません。ところが，法人税の課税所得の金額は，経理処理いかんで相違する場合があります。

［設例２］

次の場合に，税込み経理または税抜き経理で計算した当期純利益は，それぞれいくらですか。

① 売上高　110,000千円（うち消費税10,000千円）
② 仕入高　66,000千円（うち消費税6,000千円）
③ 人件費　30,000千円（消費税はかからない）

［計　算］

	税込み経理	税抜き経理
売上高	110,000千円	100,000千円
仕入高	66,000千円	60,000千円
人件費	30,000千円	30,000千円
消費税	4,000千円	——
当期純利益	10,000千円	10,000千円

（注） 納付すべき消費税は，10,000千円－6,000千円＝4,000千円です。
これを期末に未払い計上する場合，両方式の仕訳はそれぞれ次のとおりです。

税込み経理：	（借）租税公課	4,000	（貸）未払消費税	4,000
税抜き経理：	（借）仮受消費税	10,000	（貸）仮払消費税	6,000
			未払消費税	4,000

つまり，税抜き経理では，費用は計上されません。

この設例では，いずれの経理処理でも当期純利益の金額は同額です。

［設例 3］

設例 2 における仕入高66,000千円の中に，機械の購入11,000千円（うち消費税1,000千円）が含まれているものとします。この機械は，耐用年数 5 年とし定額法で償却します。

この場合に，税込み経理または税抜き経理で計算した当期純利益は，それぞれいくらですか。

［計　算］

	税込み経理	税抜き経理
売上高	110,000千円	100,000千円
仕入高	55,000千円	50,000千円
人件費	30,000千円	30,000千円
減価償却費	2,200千円	2,000千円
消費税	4,000千円	——
当期純利益	18,800千円	18,000千円

(注)　減価償却費は，両方式でそれぞれ次のように計算されます。

税込み経理：11,000千円÷ 5 年＝2,200千円

税抜き経理：10,000千円÷ 5 年＝2,000千円

税込み経理のほうが所得が大きい

設例 3 では，両方式で当期利益が800千円相違します。**設例 2** との違いは，消費税の課税仕入高の中に資産計上しているものがあるかどうかです。**設例 2** のように，課税仕入れがすべて期間費用の項目なら，いずれの経理処理でも結果的に当期利益は同額となります。ところが，資産計上するものがあり，かつ，これを税込みで経理すれば，消費税額分だけ利益が過大に計上されてしまいます。

設例 3 では，税込みで経理すると機械勘定が消費税の1,000千円分だけ過大に計上されます。ただし，償却費が200千円（1,000千円÷ 5 年）余分に計上されるので，当期純利益に与える影響額は差し引き800千円です。

資産過大計上　費用過大計上　利益過大計上

1,000千円分－200万円＝800千円

費用化の期間を通算すればいずれも同じ

以上の計算でお分かりのように，税抜き経理より税込み経理のほうが，当期純利益と課税所得が大きくなります。ただし**設例 3** の数字でいえば，翌期から毎年，税込み経理のほうが200千円だけ余分に償却費を計上できるので，当期純利益は同額だけ少なく計上されます。その状態が翌期以降 4 年間続きますから，その間合計で200千円× 4 年＝800千円，逆に税抜き経理のほうが利益の過大計上になってしまいます。

つまり，税込みで経理すると初年度に計上される800千円の過大利益は，減価償却計算を通じてその後の耐用年数の期間で，過小利益のかたちで取り戻されます。

税抜きと税込みの選択適用は任意

税法の取扱いでは所得金額を計算する際，税抜き経理または税込み経理のいずれで処理してもよいことになっています。また，税抜き経理は原則として取引のつど行うべきですが，当期分の取引をまとめて期末に一括して税抜き経理することも，経理処理の簡便化の見地から認められます。

なお，税抜き経理は消費税を通過勘定と認識して処理することが前提となっています。そこで，消費税の免税事業者（基準期間の課税売上高が1,000万円以下の会社）は，課税事業者の選択をしないかぎり税抜き経理できず，必ず税込み経理で処理しなければなりません。つまり，これらの会社が行う取引の消費税はすべて，益金または損金あるいは資産の取得価額に算入されます。

Ⅲ 販売費及び一般管理費

1 役員給与

【1】 役員の範囲

会社法では，取締役や監査役が役員ですが，税法にはそのほか「みなし役員」と「使用人兼務役員」の扱いもあります。後者は納税者にとってありがたい計らいですが，前者だと余計な税金を払うことになりかねません。

法人税の用語にご注意

法人税の話をするとき，日常用語の従業員や社員のことを使用人といい，役員と使用人をあわせて従業員と呼びます。つまり，従業員という言葉には役員が含まれます。また，給与という言葉を使うとき，そこには給料（報酬）のほか賞与や退職金も含まれます。

従業員
- 役　員
- 使用人

給与
- 給料（報酬）
- 賞　与
- 退職金

58

役員に支給する給与は厳しい扱い

従業員に給与を支払う場合，相手が役員か使用人かで法人税法上の取扱いが大きく異なります。

使用人に対する給与は，給料，賞与，退職金のいずれにせよ，支払った金額が損金になります。一方，役員に対する給与には，次のような取扱いが設けられています。

① 損金算入される役員給与

・定期同額の支給額

・支給額と支給時期があらかじめ確定しているもの

・業績連動給与で一定のもの

② 過大な役員給与の損金不算入

③ 不正計算で支給する役員給与の損金不算入

役員とみなされる使用人もいる

株式会社では，一般に役員とは取締役と監査役をいいます。ところが税法ではこのほか，使用人以外の相談役や顧問といった肩書きで，実質的に経営に従事している人も役員に含めます。

また，上位３株主グループで50％超の株式を保有している会社を「同族会社」といいますが，この同族会社には「みなし役員」という扱いもあります。

（注） 同族会社の判定で，親族，内縁の妻，個人的な使用人などは，同一の株主グループとして持ち株割合を計算します。

これは，同族会社の使用人で次の持ち株基準をすべてみたし，かつ，経営に従事している人は，役員として扱うというものです。

① **50％基準**……その使用人が同族会社判定の同族グループに含まれていること

② **10％基準**……その使用人の株主グループの持ち株割合が10％を超えていること

③ **５％基準**……その使用人自身の持ち株割合が５％を超えていること

中小企業で社長の妻はみなし役員

現実に，このみなし役員の扱いを受けるケースは，珍しくありません。中堅・中小以下の規模の会社では，同族会社がほとんどです。しかも，３グループといわず代表者とその家族だけで，ほぼ全株式を所有しているケースが大半を占めます。

ということは，オーナー一族はさきの持ち株基準のうち50％基準と10％基準は当然みたし，みなし役員の扱いを回避できるかどうかは５％基準いかんにかかっています。その使用人本人の持ち株が５％を超えるかどうかですが，その判定は配偶者の持ち株も含めて行う（夫婦は一心同体の扱い！）ことになっているため，通常は代表者（社長）の妻は３つの持ち株基準をすべてみたしてしまいます。そこで，その人が会社の経営に従事しているならみなし役員に該当し，「定期同額支給」等の扱いを受けます。

役員でも使用人扱いされる人がいる

次に，法人税には「使用人兼務役員」という扱いもあります。これは，役員のうち，部長，課長などの肩書きを持ち，現実にその仕事をしている人のこと。たとえば，取締役○○部長，取締役○○支店長，取締役○○工場長といった肩書きの人です。

使用人兼務が認められれば，その人に支払った賞与の一部が損金に算入されます。たとえば，取締役営業部長の人にボーナスを300万円支払ったとして，そのうち200万円が営業部長職に対するものなら，それは損金扱いです（残り100万円は取締役分なので損金不算入）。

取締役営業部長の賞与（総額300万円）	内訳	金額		扱い
	取締役分	100万円	⇨	損金不算入
	営業部長分	200万円	⇨	損金算入

60

肩書きや持ち株割合にご注意

ただし，たとえ使用人の肩書きを持ちその仕事をしていても，次のような人は使用人兼務役員になれません。

① 社長，副社長，代表取締役，専務取締役，常務取締役，監査役

② 次の３つの持ち株基準をすべてみたす人

50％基準・10％基準・５％基準

社長，副社長や代表取締役はもとより，専務取締役や常務取締役も常に経営に専念する人ですから使用人の立場が入り込む余地はない，と税法は考えます。また，監査役はもともと会社法で使用人兼務を禁止されていますから，これまたダメです。

なお，上記②の持ち株基準は，みなし役員判定の際の基準とまったく同じ内容です。

［設　例］

次のケースで，使用人兼務役員になるのは，どの人ですか。

	持ち株割合
甲（代表取締役）	70％
乙（専務取締役）／甲の知人	10％
丙（取締役営業部長）／甲の長男	５％
丁（取締役経理部長）／甲の妻	５％
その他の株主	10％
計	100％

［判　定］

① 代表取締役や専務取締役は使用人兼務役員になれませんから，甲と乙はダメです。

② 丙と丁は肩書きはOKですから，持ち株基準を検討します。

甲・丙・丁は親族なので同一株主グループです。合計80％の株式を保有しており，いずれも50％基準と10％基準をみたします。また，５％基準（本人の持ち株が５％超）は配偶者の持ち株も合わせて計算しますから，丁は甲の持ち株を含めると75％で，結論として使用人兼務役員になれません。

丙は配偶者に持ち株がなければぎりぎりセーフで，使用人兼務役員になれます。

【2】 定期同額給与の損金算入

> 会社法や会計基準では，役員報酬と役員賞与の区分を設けていません。そこで，法人税法でも報酬と賞与を区別せず，一定の期間ごと同額を支払えば損金扱いします。

決まった時期に決まった金額で払えば損金算入

役員に支給する給与については，１か月以下の一定の期間ごとに支給し，かつ，支給額が同額であるものは損金となります。法人税法の条文では，これを「定期同額給与」と呼んでいます。なお，ここでいう役員給与には，役員退職金と使用人兼務役員の使用人分給与は含まれません。それらは，定期同額の要件とは関係なく，別途，損金算入の可否が決定されます。

なお，一事業年度を通じて同額の場合のほか，次のようなケースも定期同額給与に準ずるものとして認められています。

① ３月経過日までの改定

期首から３月目までに改定された場合で，改定前後の支給額がそれぞれ同額のもの

② 臨時改定

役員の職制上の地位の変更，職務内容の重大な変更等による改定で，改定前後の支給額がそれぞれ同額のもの

③ 業績悪化改定

経営状況の著しい悪化等により減額改定された場合で，改定前後の支給額がそれぞれ同額のもの

④ 継続的に供与される経済的利益で供与額が毎月おおむね一定のもの

62

経済的な利益を与えると給与

給与には，お金で払うものだけでなく，債務免除などの経済的な利益も含まれます。次のように，実質的にその役員に対し給与を支払ったのと同様の効果をもたらすものは，役員給与とされます。

① 役員に対して会社の資産を贈与または低廉譲渡した場合

② 役員からその所有資産を高額で買い入れた場合

③ 役員に対する債権を放棄または免除した場合

④ 役員からその負担する債務を無償で引き受けた場合

⑤ 役員に対して無償または低額で社宅を提供した場合

⑥ 役員に対して無償または低利で金銭を貸し付けた場合

⑦ 役員に対して渡切交際費を支給した場合

⑧ 役員の個人的費用を会社が負担した場合 etc.

【3】 事前確定届出給与の損金算入

かつて，役員賞与は損金不算入とされていました。しかし，平成18年度の改正で，事前の届出制で損金算入が可能となりました。

役員賞与も損金になる？

【2】の定期同額基準によれば，役員に賞与を支給すると損金不算入となってしまいます。しかし，それでは実情にそぐわない場合があるので，月々の報酬額に上乗せ支給した部分も損金となるよう，あらかじめ確定している金額を所定の時期に支給する場合には，その支給額も損金扱いすることとしています。

具体的には，年俸制の役員報酬のうち一部をボーナスとして年２回あるいは四半期ごとに支払う場合，あるいは非常勤役員に対する報酬を月以下の単位でなく年俸として一括で支払う場合など，定期同額の要件を満たさないときも損金算入が可能です。

事前の届出が必要

この適用を受けるためには，所定の事項を事前に所轄税務署に届出しなければなりません。届出の期限は，役員給与に関する決議を行う株主総会の日から１月を経過する日または会計期間開始後４月のいずれか早い時期とされています。

64

【4】 業績連動給与の損金算入

会社法で認められている業績連動型報酬について，一定の要件を満たすものは税務でも損金算入が認められます。

業績連動報酬の損金算入が可能に

近年，使用人に対する給与の支給方法が，年功序列の廃止，成果主義の導入に切り替わりつつあります。役員報酬についても，従来の固定的な報酬と賞与という組み合わせから，固定の基本報酬，短期的な業績連動報酬，中長期的なストック・オプションの３本立ての形態に移行しています。

会社法では，取締役に対する金額の確定していない報酬（いわゆる業績連動報酬）の支給が認められています。

税務上は従来，利益に連動して算定される給与は賞与扱いし，損金算入が認められませんでした。しかし平成18年度の改正で，「利益連動給与」で一定の要件を満たすものについて，損金算入を認めることとされました。

さらに平成29年度改正において，連動の算定指標に利益のほか株価や売上高も追加され，名称が「業績連動給与」と改められました。

適用対象企業は一部

ただし，損金算入を認める要件は大変ハードルが高く，同族会社はダメです。適用対象は結局のところ，上場企業のうち委員会設置型会社など，一部の企業に限られます。中小企業に対する適用は考えられていません。

【5】 過大役員給与の損金不算入

不相当に高額な役員給与は，損金になりません。形式基準と実質基準で判定しますが，実務では，とくに職務内容と会社の収益力が問題視されます。

過大役員給与は形式基準と実質基準で判断

使用人と違って役員の給与は“お手盛り”になる危険性があります。そこで，次の形式基準額または実質基準額を超えるときは，不相当に高額とみて超過額は損金に算入されません。

＜**形式基準額**＞

定款や株主総会決議などで給与の限度額を定めている場合のその金額

＜**実質基準額**＞

次のことを考慮して，その役員の職務に対する対価として相当と認められる金額

① その役員の職務の内容

② その会社の収益の状況

③ 使用人に対する給料の支給状況

④ 事業規模が類似する同業他社における支給状況

名目的な役員の給与は否認

過大な役員給与の判定で実務上とくに問題となるのは，上記の実質基準のうち①と②，つまり“その役員の働きぶり”と“会社のもうかり具合”の判定要素です。

ケースバイケースで判定しますが，実際には働いていない「名目的な役員」に対する給与は，不相当に高額であるとして否認された裁判例があります。また，赤字会社で高額の役員給与を支給している場合も問題です。その給与が高額ゆえに赤字決算になっているということなら，損金不算入の扱いを受けるでしょう。

66

年度途中の増額も否認

役員給与の増額は，株主総会ないし取締役会で決議し，通常，その翌月から引き上げます。そこで，定期同額給与の取扱いでは，期首から３か月目までの改定は認めています。しかし，それ以降の時期における引上げは，新たな役員就任，やむをえない事情による役員の分掌変更など特殊なケースにおいてしか認められていません。

不正計算で支給する役員給与は損金不算入

不正計算による役員給与の支出に歯止めをかけるため，事実の隠ぺいや仮装経理によって支給する役員給与は，損金に算入されません。

給与を“簿外”で支払っていたことが税務調査などで発覚すれば，役員給与と認定されます。しかし，それを本来の給与額に上乗せした金額が過大でない限り損金算入は妨げられない，ということでは不合理だということからこの取扱いが設けられています。

身内の使用人への過大給与は損金不算入

また，役員の親族である使用人に対する過大給与を損金不算入とする取扱いもあります。

かつては，役員の親族である使用人に対して“過大な給与”を支払っても，みなし役員に該当しない限り否認されない時代もありました。しかし，いまでは条文上，給料・賞与・退職金のいずれも，過大な支給額は損金不算入とされています。

【6】 過大役員退職金の損金不算入

役員退職金は，株主総会の決議日または実際の支給日に損金算入されます。不相当に高額な金額の判定では，功績倍率をいくらとみるかがポイントになります。

功績倍率は最高３倍程度まで

役員退職金についても，不相当に高額と認められる金額は，損金に算入されません。不相当に高額かどうかは，その人の役員在任期間，退職の事情，同業他社との比較などで判断されます。

実務的に役員退職金の支給額は，次の算式で計算することが多いようです。

役員退職金支給額＝最終報酬月額×勤続年数×功績倍率

報酬月額は，「過大な役員報酬」の規定でチェックされます。また，勤続年数も客観的な数値ですから，結局のところ役員退職金が過大かどうかは，「功績倍率」いかんです。

税務上は，事業規模が類似する同業他社の平均的な支給倍率が，一応妥当な功績倍率とされています。功績倍率をめぐる裁判例などから判断すると，具体的に中小企業の場合には，通常『３倍』程度までに抑えておかないと否認されているようです。

基準作りがトラブル回避のポイント

なお，税務署とのトラブルを回避するために，役員退職金に関する規程または内規を整備しておくべきです。税務では何事によらず，一定のルールに従って規則的，画一的に処理することが肝要です。たとえば，役員の地位に応じて功績倍率を，次のように定めている会社もあります。

代表取締役……3.0倍　専務取締役……2.5倍　常務取締役……2.0倍
取　締　役……1.5倍　監　査　役……1.5倍

もちろん，形式だけ整えて中身が伴わないのはいけません。規程を作るだけでなく，実際にその規程どおり運用することが大切です。

分掌変更などで支給する退職金も損金算入

役員の分掌変更や，改選による再任などで退職金を支払う場合があります。役員としての地位や職務内容が激変し，実質的に退職したも同然と認められる次のような事実があれば，税務上も退職金として扱われます。

① 常勤役員が非常勤役員になったこと

（注）非常勤役員になっても，代表権のある人や経営上主要な地位を占めている人は除きます。

② 取締役が監査役になったこと

（注）監査役でも，経営上主要な地位を占めている人や使用人兼務役員の判定の際の持ち株基準（50％・10％・５％基準）をすべてみたす人は除きます。

③ 分掌変更などで報酬が半分以下になったこと

（注）分掌変更後も，経営上主要な地位を占めている人は除きます。

このような事実がないのに退職金を支払うと，役員賞与として全額が損金不算入の扱いを受けますからご注意ください。

2 租税公課

【1】 損金不算入の税金

> 法人税と住民税が損金不算入の税金の代表例。通常，これらは損金経理されるので，別表４で加算しなければなりません。源泉所得税も計算技術上の理由から損金不算入です。

所得課税の税金なので法人税と住民税は損金不算入

所得金額を計算する際，次の税金は損金に算入されません。

① 法人税（地方法人税を含む），住民税

② 法人税額から控除される所得税額

③ 各種の加算税，延滞税

④ 罰金，科料，過料，交通反則金

「法人税」と「住民税」は，所得に課税する税金です。まず所得を計算し，そこに税率をかけて税額をはじくという順序ですから，所得金額を計算する際に差し引くこと（損金算入）はできません。住民税には「法人税割」と「均等割」の２種類がありますが，いずれも損金不算入です。

法人税等は別表４の加算項目

損益計算書で，「法人税，住民税及び事業税」は「税引前当期純利益」の次の箇所に計上され，原則として，これは法人税申告書の別表４に加算項目として登場します。なぜなら別表４は次の算式で所得金額を計算することになっているからです。

当期純利益＋加算項目－減算項目＝所得金額

この計算式でスタートの「当期純利益」は，税引き後の利益です。税引前当期純利益ではありません。そこで，税引き後の利益を税引き前の数字（所得金額）に戻すため，損益計算書に計上した法人税と住民税，および未払い計上分（確定分）の事業税は，必ず別表４で加算されます。

（注） 中間分の事業税は，当期の損金に算入されるので加算しません。

損　益　計　算　書

⋮

税引前当期純利益	1,000万円
法　人　税　等	**400万円**
当 期 純 利 益	600万円

別表４

当期純利益	600万円
（加算） ⋮ 法　人　税　等 ⋮ **（減算）** ⋮	 **380万円**
所 得 金 額	×××

（注） 別表４の法人税等（380万円）は，中間分事業税（20万円）を除いた金額です。

実際の所得計算は税引前当期純利益からスタート

なお，実務で実際に所得を計算するときは，税引前当期純利益からスタートします。そうでないと，“税額は所得から計算し，所得は税引き後利益から計算する”というのでは堂々めぐりで，にわとりが先か卵が先か，の話になってしまいますね。

別表４が税引き後の当期純利益からスタートして計算するスタイルになっているのは，書き方がそうなっているだけ，とご理解ください。実際は，決算利益（税引前当期純利益）が求められた段階で，減価償却超過額などの「食い違い項目」を調整して所得金額を計算し，そこに税率をかけて税額をはじく。これを受けて，税引き後の当期純利益を求めて損益計算書が完成。次に，最終の当期純利益からスタートするかたちで別表４を作成……こういう順序で決算作業が進められます。

① **所 得 計 算**

税引前当期純利益＋加算項目－減算項目＝所得金額

⇩

② **税 額 計 算**

所得金額×税率＝税額（法人税等）

⇩

③ **損益計算書作成**

税引前当期純利益－法人税等＝当期純利益

⇩

④ **別表４作成**

当期純利益＋加算項目－減算項目＝所得金額

（法人税等を含む）

計算技術上の理由で源泉所得税は損金不算入

受取利息や配当金から差し引かれる「源泉所得税」は，計算技術上の理由から損金不算入の扱いになっています。つまり，この源泉所得税は，会社にとって法人税の前払いと考えられ，確定申告で法人税額から控除し，または還付を受けることができます。

この税額控除の規定の適用を受けるときは，その所得税額を所得計算で加算しなければなりません。

72

所得税を控除する前の所得金額に課税

その理由を具体的な数字で説明すれば，次のとおりです。たとえば，法人で100万円の受取利息があれば，この所得にかかる法人税額は，

100万円×23.2%（基本税率）＝23.2万円

です。

利息を受け取るとき15%の税率で所得税が源泉徴収されていますが，これでは税額が8.2万円不足。そこで，これを確定申告で精算し，追加で納税しなければなりません。

ところで，利息の入金時には，通常次のように仕訳します。

（借）	現金預金	85万円	（貸）	受取利息	100万円
	租税公課	15万円			

「受取利息」は収益で「租税公課」は費用ですから，会計上この取引から生じる利益は差し引き85万円と計算されます。ところが，法人税の課税対象たる所得は，あくまで税引き前の受取利息額（100万円）でなければならず，15万円の食い違いが生じます。

受取利息		源泉所得税		手取り額
100万円	－	**15万円**	＝	**85万円**
⇩				⇩
所　得				利　益

そこで，この損益計算と所得計算の食い違いを調整するため，源泉所得税につき税額控除の適用を受けるときは，これを申告書の別表４で加算することとしているのです。

(注) 受取利息を税引き後の金額で次のように仕訳した場合も，同様に調整します。

（借）	現金預金	85万円	（貸）	受取利息	85万円

税額控除しない所得税は損金算入

ところで，所得金額の計算上，所得税はもともと損金算入の税金です。ただ，税額控除の適用を受ける前提として，**計算技術上の理由から**（税引き前の利息金額に対して法人税をかけるため）損金不算入の扱いにしているということです。もし税額控除の適用を受けないなら，源泉所得税は全額を損金算入することができます。

加算税等はペナルティーなので損金不算入

次のような加算税，延滞税など，いわゆるペナルティーとしての税金も損金に算入されません。

① 国税の延滞税，過少申告加算税，無申告加算税，不納付加算税，重加算税 etc.

② 地方税の延滞金，過少申告加算金，不申告加算金，重加算金 etc.

これらは，税金を納期限に納めなかったり，過少に申告したり期限内に申告しなかったりしたことに対してかけられるもので，懲罰的な意味合いから損金不算入の扱いになっています。

なお，法人税の申告期限の延長（ⅩⅢ参照）に伴って「利子税」を納付するケースがありますが，これは延滞税と違ってペナルティーの意味合いがないので損金扱いされます。地方税の延滞金のうち，国税の利子税に相当するものも同様です。

罰金等は社会正義の観点から損金不算入

会社に課された罰金，科料または過料についても，これを損金扱いすると懲罰的な意味合いが薄れ，悪事を奨励する結果となります。そこでこれらは，社会正義の観点から損金に算入されません。

なお，役員や使用人に対して課された罰金，科料，過料または交通反則金を会社が負担した場合，会社の業務遂行に関連してなされた行為に対するものかどうかで，次のように扱いが違ってきます。

① **会社の業務に関連するもの**

損益計算書に費用として計上するが，損金には算入されません。

② **その他のもの**

役員または使用人が個人で負担すべきものなので，会社の支払いは立替払いです。もし損金経理すれば，臨時的な給与（賞与）とされます。

【2】 損金算入の税金

> 事業税は損金算入の税金ですが，損金算入時期が会計と食い違うため，所得計算の加算・減算項目として登場します。

損金算入の税金は算入時期が問題

さきに述べた法人税などを除き，その他の税金は損金になります。損金算入の時期に関しては，次のように取り扱われます。

① 申告納税方式による税金

事業税，消費税，事業所税などは，納税申告書の提出日に損金算入されます。

(注1) 法人事業税の一部は，特別法人事業税の名目で徴収されていますが，本書では両者を合わせて事業税として説明しています。

(注2) 税込み経理している消費税を期末に未払い計上すれば，損金算入が認められます。

製造原価に計上される事業所税についても，同様の処理が認められます（販売費及び一般管理費として処理されるものは，未払い計上できません）。

② 賦課課税方式による税金

固定資産税，不動産取得税，自動車税などは，原則として賦課決定日に損金算入されます。ただし，納期の開始の日または実際に納付した日に損金経理しても認められます。

③ 特別徴収方式による税金

ゴルフ場利用税，軽油引取税などについては，特別徴収義務者（ゴルフ場など）が納入申告書を提出して納税しますが，その特別徴収義務者にとってこれらの税金は，申告日に損金算入されます。

76

事業税を発生主義で経理していれば申告調整が必要

企業会計では，発生主義の原則に基づき，当期確定分の事業税を「未払法人税等」に含めて計上するのが正しい経理処理とされています。ところが税法では，消費税や事業所税と違って，事業税は未払い計上が認められません。現金主義で損金算入されます。

そこで事業税に関して，会社決算を税務の扱いどおり現金主義で処理すればともかく，企業会計原則を尊重した正しい会計を行えば，申告調整で加算と減算が必要になります。

[設　例]

次のように処理した場合，事業税に関してどのように申告調整することになりますか。

① 前期確定分の事業税100万円を納付したとき

（借）	未払法人税等	100万円	（貸）現金預金	100万円

② 当期中間分の事業税120万円を納付したとき

（借）	仮払金	120万円	（貸）現金預金	120万円

③ 当期確定分の事業税150万円を未払い計上したとき

（借）	法人税等	270万円	（貸）仮払金	120万円
			未払法人税等	150万円

[申告調整]

事業税が損金に算入されるのは，納税申告書の提出日を含む年度です。事業税の確定申告は，法人税と同様に決算から２か月後に行います。したがって，当期確定分の税額（150万円）が損金に算入されるのは，翌期になってからです。そこで，この金額を別表４で「加算」します。

一方，前期末に未払い計上した前期確定分の税額（100万円）も調整が必要です。なぜならこれは，当期に確定申告した時点（期首から２か月目）で損金算入されます。にもかかわらず，上記の仕訳は，未払金を取り崩す処理で損金経理ではありません。そこでこの金額につき，別表４で「減算」することになります。

要するに，この設例では次の計算により，損益計算書に計上される「費用」としての事業税は270万円ですが，「損金」に算入される金額は220万円となります。

費用：120万円（中間分）＋150万円（確定分）＝270万円

損金：100万円（前期分）＋120万円（中間分）＝220万円

そこで，両者の食い違いを調整するため，上記の加減算を行います。

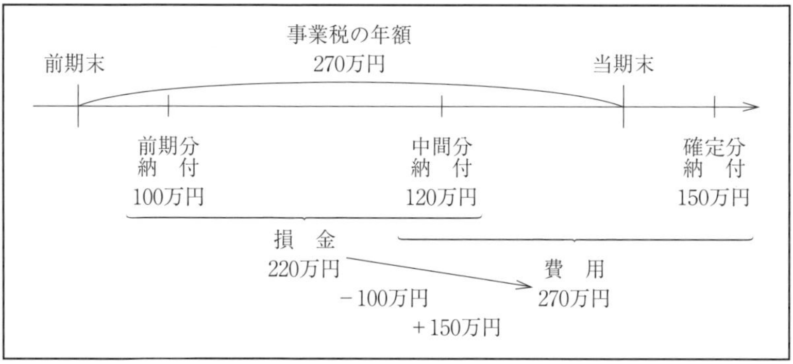

3 交　際　費

【1】 交際費の範囲

> 交際費は，原則として損金不算入の扱いです。税法でいう交際費は範囲が広く，実務では，福利厚生費，広告宣伝費，売上割戻し等との区分がポイントになります。

交際費に法人税がかかる？

「交際費課税」という言葉を，耳にしたことがあるでしょう。交際費でお金を使えばそこに法人税がかかる，という意味ですが，考えてみればこれはおかしな話です。

法人税は，入ってくるお金にかかる税金。使ったお金に税金がかかるだなんて，消費税でもあるまいし……いったいどういうことなのか？　という疑問がわいてきますね。

実は，こういうことです。交際費課税の大義名分は，“冗費の節約”と“資本の蓄積”の2つ。要するに，無駄づかいをやめてそのお金を会社に残そう，ということですが，その観点から交際費を損金不算入の項目としています。

となると，交際費でお金を使えば，広告宣伝費やリベートなど損金になる使い方をした場合と比べて，その分だけ所得がふくらみます。そして，ふくらんだ部分に法人税がかかる，これが交際費課税の正体です。

収　益	5,000万円		益　金	5,000万円
費　用	4,000万円	────→	損　金	3,700万円
利　益	1,000万円	（交際費を300万円計上しているとき）	所　得	1,300万円
（調整項目がなく税率が30%のとき）	↓			↓×30%
法人税等	300万円	←────→ 差引90万円 ‖ 交際費300万円に対する税金	法人税等	390万円

接待，供応，慰安，贈答等に対して交際費課税

税法では，交際費について，次のように規定しています。

> 交際費等とは，交際費，接待費，機密費その他の費用で法人が，その得意先，仕入先その他事業に関係のある者等に対する接待，供応，慰安，贈答その他これらに類する行為のために支出するもの（次に掲げる費用のいずれかに該当するものを除く。）をいう。
>
> ① 専ら従業員の慰安のために行われる運動会，演芸会，旅行等のために通常要する費用
>
> ② 飲食費であって，その支出する金額を基礎として政令で定める金額以下の費用
>
> ③ 前２号に掲げる費用のほか政令で定める費用

交際費課税の適用範囲は広く解釈

交際費課税に関する税法の条文や通達では，常に「交際費等は……」という具合に「等」のついた用語が使われます。これは一般用語の交際費の概念より広い範囲のものを，課税対象にするという意味です。

たとえば，一般に“接待交際”といえば社外の者に対する行為をさします。社内で従業員どうしが飲食をすれば“福利厚生”だと通常は考えますね。ところが税務では，交際費の範囲を広くとらえるのと裏腹に，「福利厚生費」はきわめて狭く解釈します。

従業員全員が機会均等にその恩恵に浴するのが福利厚生。会議などに伴う飲食ならまだしも，単に一部の者だけ集まって飲食をしたという場合，これは交際費課税の中にとり込まれてしまいます。

あるいは，取引先を接待する際の送迎のタクシー代も問題です。一般には「旅費交通費」と認識しますが，これも接待交際に関連する支出であることから交際費等にあたります。

80

度をすごせば福利厚生も交際費扱い

交際費課税の扱いでもうひとつ特徴的なことは，条文や通達で「通常要する費用」という表現が随所にみられる点です。たとえば，忘年会や新年会の費用を会社が負担する場合，これは従業員の慰安のための費用です。そこで，原則として福利厚生費になりますが，その際に，通常要する費用かどうかが問題となります。

別の通達で「通常要する額」という表現がありますから，この通常要する費用というのは，単に金額基準の話ではありません。社会通念上，会社は従業員に対して福利厚生でどの程度のことをするものかという，費用としての範囲の問題です。具体的には，忘年会で２次会以降の費用を会社が負担すれば，これは通常の福利厚生の範囲を超えると考えて，交際費等に含められます。

交際費等に含まれる費用の例示

次のような費用は，原則として交際費等の費用に含まれます。

① 会社の○周年記念や社屋新築記念などの宴会費，交通費，記念品代等の費用

(注) 社内行事として従業員に一律提供される通常の飲食費用は，福利厚生費として扱われます。

② 下請工場，特約店，代理店などになるための，またはするための運動費等の費用

③ 得意先，仕入先など社外の者の慶弔禍福に際し支出する金品の費用

④ 得意先，仕入先その他事業に関係のある者を旅行，観劇等に招待する費用

⑤ 得意先，仕入先などの従業員に取引の謝礼として支出する金品の費用

⑥ 総会屋などに会費，賛助金，寄附金，広告料，購読料等の名目で支払う金品の費用

⑦ 建設業者などが工事の入札等に際して支出する談合金の費用

⑧ 高層ビルやマンションなどの建設で，周辺住民などを旅行，観劇等に招待したり，酒食を提供した場合の費用

⑨ スーパーマーケットや百貨店の進出で，周辺商店などの同意を得るために支出する運動費等の費用

⑩ 得意先，仕入先など社外の者の接待，供応に要する費用で，寄附金，値引および割戻し，広告宣伝費，福利厚生費，給与等にあたらない費用

【2】 交際費と隣接費用

> 交際費とよく似た内容の科目に，福利厚生費，広告宣伝費，売上割戻し，会議費，寄附金，給与などがあります。寄附金や給与以外のものは，単純損金項目ですから，交際費との違いを十分に理解しておく必要があります。

10,000円以下の飲食費は損金算入

1人あたり10,000円以下の飲食費は，税務上の交際費等から除かれ損金に算入されます。この10,000円基準が適用されるのは，得意先等を接待する際の飲食費に限られます。物品等の贈答費用，ゴルフ・観劇・旅行等に招待するための費用などには適用されません。また，飲食費であっても，役員・従業員またはその親族に対するもの（いわゆる社内接待費）については，10,000円基準は適用されません。

1人あたり10,000円以下の飲食費かどうかの判定は，各人がいくら負担したかに関係なく，単純に飲食費の総額を参加人数で除して算定した金額によります。

交際費等から除外される費用の例示

次のような費用のうち，「通常要するもの」は，交際費等から除かれます。

① もっぱら従業員の慰安のために行われる運動会，演芸会，旅行などの費用

② カレンダー，手帳，扇子，うちわ，手ぬぐいなどを贈与するための費用

③ 会議に関連して，茶菓，弁当などの飲食物を提供するための費用

④ 次のような場合に会社が負担する交通費，食事代，宿泊代などの費用

(a) 新製品，季節商品等の展示会などに得意先を招待する場合

(b) 自社製品または取扱商品に関する商品知識の普及などのため，得意先等に工場見学をさせる場合

(c) 不動産販売会社が土地の販売にあたり，一般の顧客を現地に案内する場合

(d) 旅行斡旋会社が団体旅行の斡旋をするにあたり，その団体の責任者等を事前に旅行予定地に案内する場合

⑤ 自社の工場内で経常的に業務に従事する下請企業の従業員に渡す事故見舞金品または無事故表彰金品

⑥ 特約店などの従業員に支出する自社製品の取扱数量に応じた報奨金

寄附金と交際費との区分

事業に直接関係のない者にお金や品物を贈与したとき，それが寄附金か交際費かは，実態によって判断されます。金銭でした贈与は，原則として寄附金です。たとえば，次のようなものは，交際費ではなく寄附金になります。

① 社会事業団体，政治団体などに対する献金

② 神社の祭礼などの寄贈金

なお，政治家が選挙資金を確保するために開くパーティーの参加券を購入した場合，会社がその政治家と特別の関係にあれば交際費，そうでなければパーティーへの出欠にかかわらず，寄附金として扱われます。ただし，取引先などに配布するために購入したものは，交際費とされます。

また，選挙の当選祝金を贈る場合，たとえば地元の当選者に儀礼上，常識的な金額を渡すのなら寄附金，高額なものは，交際費とされます。なお，役員の個人的な交友関係に基づくものを会社名義で支払えば，役員賞与の扱いです。

売上割戻しと交際費との区分

得意先に対し，売上高や売掛金の回収高に比例して支払う費用は，交際費ではなく売上割戻しとして処理します。算定基準がなく任意に割り戻せば，交際費です。

得意先に品物を渡したり，旅行や観劇に招待すれば，たとえその基準が売上割戻しの計算と同じものでも，その費用は交際費です。また，一定額に達するまで売上割戻しのお金を「預り金」として積み立て，その積立金で得意先を旅行や観劇に招待すれば，旅行などに招待した年度に交際費として支出したものとされます。旅行などの不参加者に積立金の全部または一部を支払った場合も，やはり交際費です。

なお，売上割戻しの算定基準により品物を渡す場合，その品物が次のようなものなら，交際費ではなく売上割戻しとして処理できます。

① **事業用資産**……得意先で棚卸資産や固定資産として販売または使用することが明らかなもの

② **少 額 物 品**……購入単価が3,000円以下のもの

広告宣伝費と交際費との区分

不特定多数の者に対する宣伝的効果を意図する次のような費用は，交際費でなく広告宣伝費として処理できます。

① カレンダー・手帳・扇子・うちわ・手ぬぐいなどを贈るための費用

(注) 広告宣伝効果を意図して多数の者に配布する少額のものなら，他の品物でもこの取扱いが適用されます。

② 工場見学者に自社の製品を試飲，試食させる費用（通常の茶菓等の接待に要する費用を含みます）

③ 得意先などに対する見本品や試用品の提供に通常要する費用

④ 一般消費者に抽選で賞品を渡したり，旅行や観劇に招待するためにかかる費用

⑤ 自社製品または取扱商品の継続的な試用や消費者動向の調査に協力した一般消費者に，謝礼として金品を提供するために通常要する費用

福利厚生費と交際費との区分

従業員の慰安のために行われる運動会，演芸会，旅行などで通常要する費用のほか，次のようなものは交際費でなく福利厚生費として処理できます。

① 創立記念日，国民祝日，新社屋落成式などの社内行事で，従業員に一律に提供する通常の飲食に要する費用

(注) 取引先など社外の者を招待して行う宴会費，交通費，記念品代などは，交際費です。社内行事の場に社外の者が入りまじれば，そこは全体として接待交際の場とみなされ，従業員分の飲食費用も含めすべて交際費扱いされます。この扱いを避けるには，社内分と社外分とで異なる日時または場所で行事を開催することです。

② 従業員またはその親族などの慶弔禍福に際し，一定の基準で渡す金品に要する費用

(注) 得意先，仕入先など社外の者に対する慶弔禍福の金品は，自社または特約店などの専属セールスマンに対するものを除き交際費です。

給与と交際費との区分

従業員に支給する次のようなものは，給与の性質を持つので，所得税の源泉徴収をしなければなりません。

① 常時支給される昼食代

（注） 残業や宿日直をした者に支給する食事は非課税です。また，通常の昼食なら食事代の半額以上を従業員から徴収すれば，月額3,500円以下の金額は非課税とされます。

② 自社の製品や商品などを原価以下で従業員に販売した場合の原価に達するまでの金額

（注） 売価のおおむね70％以上の価額で販売していれば，非課税です。

③ 機密費，接待費，交際費，旅費などの名目で支給した金額でその使途が不明であるもの，または会社の業務に関係がないと認められるもの（いわゆる「渡切交際費」）

（注） 役員に毎月定額で支給すれば，役員報酬として損金に算入されます。しかし，臨時的に支給した金額は役員賞与なので，損金不算入です。

会議費と交際費との区分

社内または通常会議を行う場所での会議に際し，通常の昼食程度の飲食物を提供する費用は交際費とされません。来客との商談や打合せも同様です。

とくに明文化した金額基準はないのですが，実務上，1人あたり3,000円程度なら認められているようです。ただし，会議の実体がなく単に一部の従業員が集まって飲み食いをしたという場合はダメ。たとえ3,000円以下でも交際費または給与として扱われます。

なお，来客との商談や打合せについては，1人あたり10,000円以下であれば交際費とはされません。

製造業者や卸売業者が特約店などの販売業者を旅行や観劇に招待し，あわせて新製品の説明会や販売技術の研究会などを開いた場合には，全体のうち実質的に会議を行った部分の費用だけを抜き出して，会議費として処理することができます。

【3】 損金不算入額の計算

交際費は原則として損金不算入ですが，飲食費は半額が損金算入です。また，中小企業優遇税制の一環として，資本金が１億円以下の会社には，損金算入枠が認められています。

飲食費は50％を損金算入

損金不算入の例外として，資本金100億円以下の会社では，交際費のうち飲食のための支出額の50％相当額は損金算入が可能とされています。

その際，飲食のための支出額には，その法人の役員・従業員またはその親族に対するもの（いわゆる社内接待費）は含まれず，それらは原則どおり全額が損金不算入です。

資本金が１億円以下なら一定額が損金算入

資本金が１億円以下の会社には，上記の「飲食費50％損金算入」との選択で，年間800万円の定額控除額（損金算入枠）が認められ，この金額を超える額が損金不算入とされます。

4 寄　附　金

【1】 寄附金の範囲

寄附とは贈与のことで，会社にとって必要経費性の薄い項目です。そこで，一定限度を超える金額は，損金に算入されません。

寄附金は損金性が薄いので一定額を除いて損金不算入

寄附金は，会社の営業活動と直接関係なく支出され，必要経費としての性格が薄い項目です。これを無制限に損金扱いすると，その分だけ法人税の税収が減ります。そして結果的に，国がその税収分を特定の会社に補助することになってしまいます。

そこで税法では，会社が支払った寄附金のうち，会社の資本金等と所得の金額に基づいて計算した限度額までを損金とします。これを超える金額は，損金不算入です。

税法上の寄附金の範囲は広い

税務上，寄附金の範囲は，次のように定められています。一般用語の寄附金より範囲が広められている点にご注目ください。

① 寄附金，拠出金，見舞金などいかなる名目でも，実質的に金品を贈与したり無償で経済的利益を与えれば寄附金となる。

② 広告宣伝費，交際費，福利厚生費など，何らかの見返りのある支出は寄附金とはならない。

③ 低廉譲渡（時価より低い金額の譲渡）をした場合のその時価との差額のうち，実質的に贈与したと認められる金額は寄附金となる。

寄附金は現金主義で損金算入

寄附金は，寄附者の任意による一方的な支払い項目ですから，税務では現実に支払うまで寄附金として認識しません。つまり，未払や手形払いの寄附については，実際に支払われるまで寄附金として扱われません。

逆に，支払った寄附金を仮払金として経理していても，税務ではその支払った年度の寄附金とみて「寄附金の損金不算入」の扱いが適用されます。つまり，支払った期間に寄附金として損金算入の処理をするとともに，この寄附金を含めたところで，損金算入限度額を超過するかどうか判定します。

90

【2】 寄附金の損金算入限度額

> 国に対する寄附など一部のものを除いて，寄附金の損金算入限度額は，会社の規模に応じて計算します。大会社にはかなり大きな限度額が認められていますが，中小企業にとって損金算入の余地はほとんどありません。

4種類の寄附金で扱いが異なる

税務上，寄附金は次の4つに分類され，それぞれ次のように取り扱われます。

① **一般の寄附金**

⇨ 資本金等と所得の金額に基づいて計算した限度額まで損金算入

② **国または地方公共団体に対する寄附金**

⇨ 全額損金算入

③ **指定寄附金**（公益の増進に寄与するものとして財務大臣が指定する寄附金）

⇨ 全額損金算入

④ **特定公益増進法人**（公共法人，公益法人などのうち公益の増進に寄与すると認められる法人）に対する寄附金

⇨ ①とは別枠で，資本金等と所得の金額に基づき計算した金額まで損金算入

指定寄附金は限定列挙

③の「指定寄附金」とは，公益法人などに対する寄附金のうち，教育や科学の振興，文化の向上，社会福祉への貢献など公益の増進に寄与するものとして財務大臣が指定する寄附金をいいます。これは，国等に対する寄附金と同様，支出した全額が損金に算入されます。

財務大臣の指定は，そのつど行われ告示されます。指定寄附金として損金算入するためには，寄附の相手方と寄附金の使途，さらに指定期間内に支出されたものかどうかがポイントです。

公共法人や公益法人などのうち一部が特定公益増進法人

④の「特定公益増進法人」に対する寄附金は，国等に対する寄附金や指定寄附金のように全額が損金算入とはなりません。一般の寄附金と別枠で，一定の損金算入限度額まで損金に算入されますが，それを超える金額は損金不算入です。

特定公益増進法人とは，公共法人，公益法人などのうち，教育や科学の振興，文化の向上，社会福祉への貢献など公益の増進に著しく寄与すると認められる次のような法人をいいます。

独立行政法人日本学生支援機構，日本赤十字社，日本私立学校振興・共済事業団，公益財団法人日本スポーツ協会，公益財団法人日本オリンピック委員会，私立学校法第３条に規定する学校法人，社会福祉事業法第22条に規定する社会福祉法人 etc.

資本金等と所得金額で損金算入限度額を計算

「一般の寄附金」と「特定公益増進法人に対する寄附金」の損金算入限度額は，次の算式で計算します。

＜一般の寄附金＞

$$\text{損金算入限度額} = \left(\text{資本金額} \times \frac{\text{当期の月数}}{12} \times \frac{2.5}{1,000} + \text{所得金額} \times \frac{2.5}{100} \right) \times \frac{1}{4}$$

＜特定公益増進法人に対する寄附金＞

$$\text{損金算入限度額} = \left(\text{資本金額} \times \frac{\text{当期の月数}}{12} \times \frac{3.75}{1,000} + \text{所得金額} \times \frac{6.25}{100} \right) \times \frac{1}{2}$$

(注) 「資本金額」は，資本金と資本準備金の合計額です。

［設　例］

Ａ社（資本金1,000万円，所得1,000万円）とＢ社（資本金1,000億円，所得1,000億円）における一般寄附金の損金算入限度額は，それぞれいくらですか。いずれも１年決算の会社です。

［計　算］

$$\text{A社：} \left(1,000\text{万円} \times \frac{12}{12} \times \frac{2.5}{1,000} + 1,000\text{万円} \times \frac{2.5}{100} \right) \times \frac{1}{4} = 68,750\text{円}$$

$$\text{B社：} \left(1,000\text{億円} \times \frac{12}{12} \times \frac{2.5}{1,000} + 1,000\text{億円} \times \frac{2.5}{100} \right) \times \frac{1}{4} = 6\text{億}8,750\text{万円}$$

以上の計算で，寄附金の損金算入限度額が，会社の規模によって大きく違うことが分かります。大企業はかなり大きな寄附でも損金になりますが，中小企業にとっては損金算入枠など，あってなきがごとしです。

5 貸倒損失

【1】 貸倒損失

実務では，貸倒れ事実の認定に困難が伴い，おいそれとは貸倒れ処理は認められません。会社法や会社更生法などの法的手続きで，債権自体が消滅してしまった場合はともかくとして，単に会社更生や民事再生手続き開始の申立てをしただけでは，貸倒れ処理できません。

貸倒れの認定は厳しい

売掛金，貸付金その他の債権について貸倒れが発生すれば，貸倒れによる損失が損金に算入されます。ただし実務上，税務署による“貸倒れ”認定は，非常に厳しい目で行われるのが実情です。貸倒損失の計上は，債務者の資力喪失などで回収不能になった場合に限られます。単に回収が滞っているというだけで貸倒れ処理すれば，贈与（寄附）として扱われかねません。

税務上，貸倒損失の処理が認められるのは，次の３つの場合です。

① **法律上の貸倒れ**

債権が法律上消滅し回収不能となったとき

② **事実上の貸倒れ**

債務者の資産状態などからみて債権が経済的に無価値化し，全額が回収不能と認められるとき

③ **形式上の貸倒れ**

売掛債権について取引停止など一定の事実が生じたとき

「法律上の貸倒れ」は会社の経理処理いかんにかかわらず，その事実が生じた期間の損金に算入されます。ところが，「事実上の貸倒れ」と「形式上の貸倒れ」については，貸倒損失として損金経理した場合にかぎり損金とされます。

債権の全部または一部を切り捨てたときは貸倒れ

上記①の「債権が法律上消滅する」とは，次のような事実が生じた場合をいいます。

① 会社更生，民事再生，特別清算などの法的手続きで債権が切り捨てられたとき

② 債権者集会や第三者（行政機関または金融機関など）の斡旋による協議決定で債権が切り捨てられたとき

③ 債務超過の状態が相当期間（おおむね3年以上）継続し，書面で債務免除を行ったとき

（注） たとえ債務超過であっても回収が可能なら，債務免除相当額を債務者に贈与（寄附）したものとされます。

法的に債権が存在しても事実上回収不能なら貸倒れ

法律上は消滅していなくても，債務者の資産状況や支払能力などからみて債権の**全額**が回収できないことが明らかなら，「事実上の貸倒れが生じた」ものとされます。そして，それが明らかになった年度内に貸倒れとして損金経理すれば損金に算入されます。

ただし，その債権に担保物があるときは，それを処分するまでは貸倒れとして損金経理できません。処分して受け入れた金額を債権から控除した金額が貸倒損失となります。

取引停止後一定期間弁済がなければ貸倒れ

債務者に次のような事実が発生すれば，売掛債権（商品の販売や役務の提供などの営業活動に基づく売掛金等をいい，貸付金等の債権を除きます）について，**備忘価額を残して**損金経理すれば損金に算入されます。

① 継続的な取引先との取引が停止した時点（または最終の弁済期）から1年以上経過したとき

（注） 不動産取引のようにたまたま取引をした場合の売掛債権には，この取扱いは適用されません。

② 売掛債権の残高がその取立てにかかる旅費などの費用に足りず，支払いを督促しても弁済がないとき

【2】 不良債権の貸倒引当金

現実的な貸倒れ処理として，不良債権に対する形式基準による貸倒引当金の設定が広く行われています。これは，一定の事実が生じたときに債権残高の50%相当額を損金に算入する制度で，実質上の貸倒れ処理といえます。

貸倒引当金の設定で貸倒れ処理するのが一般的

債権が法律上消滅した場合はともかく，債務者の資産状態などからみた回収可能性の判定は大変難しく，貸倒損失の計上は現実にはなかなか認められません。そこで実務上，貸倒れ処理は「貸倒引当金」の設定を通じて行うのが一般的です。

貸倒引当金には，次の２種類のものがあります。

① **個別評価分の貸倒引当金**

不良債権について一定の設定基準により見積もった回収不能額

② **一括評価分の貸倒引当金**

一般債権に貸倒れ実績率をかけて算出した回収不能見込額

①の貸倒引当金の設定方法には，実際の回収不能見込額を計上するやり方（実質基準）と，画一的に債権金額の50%を計上するやり方（形式基準）があります。

(注) 銀行・保険会社・リース会社等以外の大法人では，貸倒引当金の設定が認められません（詳細はⅧ・１・(2)参照）。

形式基準で設定することが多い

このうち「実質基準」による設定は，「貸倒損失」の処理と同様，おいそれとは損金算入が認められないのが実情です。

そこで，現実に行われている不良債権に対する貸倒引当金の設定は，次に掲げる事実が生じた時点で「形式基準」により行われるケースがほとんどです。

① 破産手続きの開始の申立てがあったこと
② 更生手続きの開始の申立てがあったこと
③ 民事再生法による再生手続きの開始の申立てがあったこと
④ 特別清算の開始の申立てがあったこと
⑤ 手形交換所で取引停止処分を受けたこと

(注) 期末までに手形が不渡りとなり，その後申告期限までに取引停止処分を受けた場合を含みます。

形式基準では債権金額の50％貸倒れ処理

上記に掲げているのは，会社がいわゆる“事実上の倒産”をした時点です。いずれも，その発生の事実を客観的に認識できます。そこで貸倒引当金の設定に際し，税務署との間でトラブルが生じません。

形式基準によれば，債権から次の金額を控除した金額の50％相当額を貸倒引当金勘定に繰り入れることができます。

① 債務者から受け入れた金額があるため，実質的に債権と認められない金額
② 質権，抵当権などで担保されている部分の金額
③ 金融機関（保証機関を含む）によって保証されている部分の金額
④ 債務者から受け取っている第三者の振り出した手形（回り手形）の金額

6 その他の経費

【1】 保 険 料

生命保険の保険料については，掛け捨て保険料は損金算入，積立保険料は資産計上するのが原則です。また，役員が死亡して会社に入った保険金は，会社の収益に計上されます。そのままの金額を退職金として支払うわけにはいきません。

定期保険の保険料は期間経過で損金算入

会社が“契約者”で従業員を“被保険者”とする「定期保険」の保険料は，期間の経過に応じて損金に算入されます。保険料を全期分一括で支払ったときは，翌期以降の期間分の保険料を前払費用として資産に計上しなければなりません。ただし，１年以内に費用化するものは，支払時の損金とすることも認められます。

従業員の死亡で会社が受け取った保険金は，益金となります。そして，その保険金を原資として退職金を支給する場合，使用人なら全額が損金算入ですが，役員については支給額が過大でないかどうかを検討しなければなりません。

＜定期保険の経理処理＞

① 定期保険の保険料を５年分一括払いで50万円（当期分は10万円）支払ったとき

（借）	前払保険料	40万円	（貸）	現金預金	50万円
	保険料	10万円			

② 役員死亡により生命保険金を1,000万円受け取り，規程に従って退職金を3,000万円支払ったとき

（借）	現金預金	1,000万円	（貸）	保険金収入	1,000万円
（借）	退職金	3,000万円	（貸）	現金預金	3,000万円

解約返戻率の高い定期保険は規制される

定期保険の保険料は，基本的に掛け捨てです。しかし，中途解約時に多額の返戻金のある定期保険契約もあり，役員を被保険者とし，もっぱら退職金の支給原資を確保する目的で利用されています。

こうした保険では，保険料を支払いのつど損金算入とするのは実情にそぐわず，そこで保険期間が3年以上の定期保険で，最高解約返戻率（ピーク時の解約返戻率）が50%を超えるものは，その割合に応じて次のように規制されています。

(注) 支払保険料の年額が30万円以下の保険は規制されません。

最高解約返戻率	資産計上の取扱い	資産計上額の取崩し
50%超 70%以下の場合	保険期間の前半4割相当期間は，支払保険料のうち4割を資産計上し，残額を損金算入	保険期間の4分の3の期間経過後から均等取崩しで損金算入
70%超 85%以下の場合	保険期間の前半4割相当期間は，支払保険料のうち6割を資産計上し，残額を損金算入	同　上
85%超の場合	保険期間開始から最高解約返戻率となるまでの期間は，支払保険料のうち最高解約返戻率×70%（保険期間の開始後10年以内は×90%）を資産計上し，残額を損金算入	解約返戻金相当額が最高となる期間の経過後から均等取崩しで損金算入

養老保険の保険料は原則として資産計上

「養老保険」は，“満期保険金”と“死亡保険金”を同額ずつセットしたものです。この保険には解約返戻金もあり，貯蓄性が高いのが特徴です。そこで，会社が保険金の受取人になっている場合，支払った保険料は「保険積立金」などの科目で資産計上し，保険金を受け取ったとき一括して損金に算入します。

なお，保険金の受取人が被保険者たる従業員の場合には，保険料はその従業員に対する給与とされます。

死亡保険金と満期保険金の受取人が異なるときはミックス処理

死亡保険金の受取人が従業員の遺族で，満期保険金の受取人が会社という保険契約もよく見かけます。この場合，生死の確率を半々とみて資産計上と損金算入をミックスした処理をします。

すなわち，支払保険料のうち２分の１が死亡保険金部分（危険保険料部分）で，これは期間の経過に応じて損金に算入されます。また，残り２分の１は満期保険金部分（積立保険料部分）で，資産に計上しなければなりません。

＜養老保険の経理処理＞

① 養老保険の保険料50万円を支払ったとき

(a) 保険金受取人が会社の場合

（借）	保険積立金	50万円	（貸）	現金預金	50万円

(b) 保険金受取人が役員（満期保険金）とその遺族（死亡保険金）の場合

（借）	役員給与	50万円	（貸）	現金預金	50万円

（注） 月払いや年払いは定期同額給与となりますが，一時払いなら損金不算入です。

(c) 満期保険金は会社，死亡保険金は従業員の遺族が受取人の場合

（借）	保険積立金	25万円	（貸）	現金預金	50万円
	福利厚生費	25万円			

（注） 特定の役員だけ被保険者にすると，福利厚生費ではなく給与とされます。

② 会社が死亡保険金2,000万円を受け取ったとき（保険積立金の残高は600万円）

（借）	現金預金	2,000万円	（貸）	保険積立金	600万円
				保険金収入	1,400万円

③ 生命保険契約を中途解約し，解約返戻金400万円を会社が受け取ったとき（保険積立金の残高は600万円）

（借）	現金預金	400万円	（貸）	保険積立金	600万円
	保険解約損	200万円			

定期付養老保険は定期保険と養老保険をミックスした取扱い

満期保険金と死亡保険金を同額ずつセットした養老保険は，正確には普通養老保険と呼ばれます。この普通養老保険をベースに定期保険を組み合わせたものが「定期付養老保険」で，保険期間中に死亡した場合，満期保険金の2倍～20倍の死亡保険金が支払われます。

定期付養老保険は，基本的に定期保険と養老保険のミックス商品です。そこで税務上も，それぞれに準じた取扱いをしています。つまり，支払保険料を定期保険部分と養老保険部分に分けて，それぞれ定期保険および養老保険の保険料と同様に取り扱われます。

＜定期付養老保険の経理処理＞

定期付養老保険の保険料50万円を支払ったとき（養老保険部分30万円・定期保険部分20万円で，保険金受取人は会社とします）

（借）	保険積立金	30万円	（貸）	現金預金	50万円
	福利厚生費	20万円			

(注) 現在の保険契約では，契約者が法人なら保険証券の上で定期保険部分と養老保険部分に区分して記載しています。ところが，以前の契約には区分していないものもあり，その場合，税務上は保険契約の全体を普通養老保険とみなします。

特約保険料は損金算入

生命保険契約の基本型は，上述の3種類（定期保険，養老保険，定期付養老保険）ですが，これに入院給付金，手術給付金，障害給付金などの支払いを特約として付加する場合があります。

会社が契約者で従業員を被保険者とする特約条項付きの生命保険に加入し，その特約部分の保険料を支払ったときは，その保険料は期間の経過に応じて損金算入することができます。養老保険で基本契約部分が資産計上される場合でも，特約部分は損金算入です。

【2】 リース料

リース取引には，売買処理が要求されます。リース料の支払いは，リース債務の減少とし，別途，リース資産に対する償却計算を行うことになります。

リース取引は原則として売買処理

企業会計上，リース取引は，原則として賃貸人から賃借人への引渡しがあった時にリース資産の売買があったものとみて，次のように処理することとされています。

［設　例］
・リース期間　　5年
・リース料　　総額60,000千円で半年ごと6,000千円支払い
・リース物件の貸し手の購入価額　　55,000千円

［検　討］
<開始時>
（借）リース資産　　55,000千円　（貸）リース債務　　55,000千円
<第1回支払時>
（借）リース債務　　5,450千円　（貸）現金預金　　6,000千円
　　　支払利息　　550千円
（注） 利息法（年利率2％）による支払利息の金額は，次のように計算します。
55,000千円×2％×1／2＝550千円
<第1回決算時>
（借）減価償却費　　11,000千円　（貸）リース資産　　11,000千円
（注） リース期間を耐用年数とし，残存価額を0として計算します。
55,000千円×1／5＝11,000千円

税務上もリース取引は売買処理

法人税法では，資産の賃貸借で次の2つの要件を満たすものを「リース取引」とし，企業会計と同様に売買処理が要求されます。

① 賃貸借期間の中途で契約を解除することができないこと
② 賃借人がリース資産からもたらされる経済的利益を実質的に享受でき，かつ，その資産の使用に伴って生ずる費用を実質的に負担する契約

であること

また，リース取引は，所有権移転の有無により「所有権移転リース取引」と「所有権移転外リース取引」に区分され，いずれに該当するかで税務上の取扱いが若干異なります。

(注) 次の4つのいずれかに該当するものは“所有権移転”，それ以外のものが“所有権移転外”とされます。

① リース期間の中途または終了時に，リース資産が無償または名目的な対価で賃借人に譲渡されるものであること

② リース期間の中途または終了時に，リース資産を著しく有利な価額で買い取る権利が賃借人に与えられていること

③ 種類，用途，設置状況などに照らして，リース資産が賃借人によってのみ使用されると見込まれること，または，当該資産の識別が困難であること

④ リース期間が法定耐用年数に比べて，次のように相当短いものであること

法定耐用年数が10年未満のもの	耐用年数の70%を下回る期間
法定耐用年数が10年以上のもの	耐用年数の60%を下回る期間

リース資産の取得価額はリース料の支払総額

リース資産の減価償却を行う際，税務上は次の2点が問題となります。

① 取得価額はいくらなのか

② どのような償却方法を適用するのか

まず，リース資産の取得価額は，原則として，リース期間中に支払うべきリース料の合計額としますが，利息相当額を合理的に区分することができる場合には，利息相当額を控除した金額を取得価額とすることができます。その場合，利息相当額は，リース期間の経過に応じて，利息法または定額法により損金に算入されます。

所有権移転と所有権移転外で償却方法が異なる

また，リース資産の償却計算は，リース期間を耐用年数として次の方法により行うこととされています。

- 所有権移転リース取引 ⇒ 自己所有の固定資産と同様の方法を適用
- 所有権移転外リース取引 ⇒ リース期間定額法

（注）所有権移転の場合は有形資産の移転，所有権移転外の場合は無形資産たる使用権の移転という観点から，両者の償却方法に違いを設けています。

＜リース期間定額法の計算式＞

$$\text{リース資産の取得価額}\times\frac{\text{当期中のリース期間の月数}}{\text{リース期間の月数}}=\text{償却限度額}$$

賃借料処理でも申告調整不要の場合もある

なお，リース取引に対して売買処理を行わず，支払リース料を“賃借料”に計上した場合，税務上，その処理は償却費として損金経理（費用処理）したものとみなされます。

通常，リース料の支払額は毎回一定ですから，毎期の支払リース料の全額を賃借料として処理すれば，その金額は，通常，リース料の支払総額を取得価額としたリース期間定額法による償却限度額と同額です。したがって結果的に，費用計上額と損金算入限度額が一致するので申告調整は不要，ということになります。

【3】 海外渡航費

業務遂行に必要なら単純損金ですが，観光目的の旅行費用は給与扱いされます。業務と観光を兼ねた旅行は，日数等で費用を按分します。

業務遂行に必要な海外渡航費は旅費として損金算入

会社で役員や使用人が海外に渡航するための運賃，滞在費，支度金，出入国手続きに要した諸費用は，海外渡航が会社の業務遂行に必要なもので，かつ，渡航のために通常必要と認められる金額なら，「旅費」として損金に算入されます。

業務遂行に必要かどうかは，旅行の目的，旅行先，経路，期間などで総合的に判断しますが，具体的には次のようなものです。

① 取引先との商談，契約の締結，クレーム処理等

② 工場や店舗などの視察，見学，訪問等（観光途中に行われる簡単な見学はダメ）

③ 展示会や見本市などの見学（万国博覧会等の見学はダメ）

④ 国際会議や海外セミナーなどへの参加（社交団体等の会議で個人的地位に基づいて出席するものはダメ）

⑤ 同業者団体や関係官庁などの訪問，懇談

パックツアーや観光目的の団体旅行は給与

以上に対して，次のような旅行は，会社の業務遂行に関係ないものとして扱われます。

① 観光ビザで行く旅行

② 旅行業者のパックツアーで行く団体旅行

③ 同業者団体などが主催する主として観光目的で行く旅行

これらに該当すれば，海外渡航費は旅費ではなく臨時的な給与（賞与）とされます。旅行先で会社の業務に直接関連する仕事をしたときは，直接関連のある部分の旅行に要した費用のみ旅費として損金扱いされます。

（注） 従業員を対象にした慰安旅行については，①旅行期間が４泊５日以内で，②全従業員の半数以上が参加していれば，福利厚生費として損金に算入されます。

業務と観光を兼ねた旅行は日数等で按分

業務と観光を兼ねた海外渡航は，それに要した費用を業務部分と観光部分に合理的に区分し，観光にかかった費用は給与として処理しなければなりません。

両者の区分は，次のようにするのが合理的です。

個別的な費用（渡航先での交通費，日当，宿泊料等）
　⇨ 旅行内容に応じて区分する。
共通的な費用（往復の航空運賃，支度金等）
　⇨ 旅行期間の割合で按分する。

なお，同業者団体などの団体旅行は，運賃や滞在費などを旅行業者に一括して払い込むことが多いため，旅行日ごとの費用の明細までは分からないのが通常です。この場合，旅行内容に応じた費用の区分は困難ですから，海外渡航費の全額を業務日数と観光日数の割合で按分することになりましょう。

業務が主体なら往復交通費は全額が旅費勘定

ところで，業務の合間にたまたま土曜，日曜を利用して観光を行ったとしても，その部分の日数を区分して観光部分として取り扱う必要はありません。そういう場合は，海外渡航のおおむね全期間が会社の業務遂行に必要と認められるので，海外渡航費の全額を旅費として経理できます。

また，海外渡航の直接の目的が海外での特定の取引先との商談，契約締結など会社の業務遂行のためであり，その海外渡航を機会についでに観光を行うのなら，往復の旅費（取引先の所在地など業務を遂行する場所までのもの）は，業務と観光に按分することなく全額を旅費として損金に算入できます。

同伴者の旅費は原則として給与扱い

会社の役員が業務上の海外渡航で，親族やその業務に常時従事していない者を同伴し，会社がその同伴者分の旅費を負担したときは，その旅費は原則としてその役員に対する給与とされます。

ただし，たとえば次のように明らかにその海外渡航の目的達成に必要な同伴なら，通常必要な金額は海外渡航費として損金に算入されます。

① 常時補佐を必要とする身体障害者であるため補佐人を同伴するとき

② 国際会議などに出席するため配偶者を同伴する必要があるとき

③ 旅行の目的を遂行するため外国語に堪能な者や専門的知識を持つ者が必要で，適任者が会社にいないため親族などを同伴するとき

【4】 会費・入会金

入会金は資産計上（法人会員）か給与（個人会員）ですが，会費はケースに応じて交際費，福利厚生費，給与，寄附金，繰延資産等いろいろな科目で処理されます。

1】 ゴルフクラブの入会金等

法人会員は資産計上，個人会員なら給与

ゴルフクラブの入会金は，次のように取り扱われます。

① **法人会員で入会する場合**

⇨ 資産で計上

（注） 取得のための名義変更料も資産計上

記名式の法人会員で名義人が会社の業務に関係なく専用しているときは，その者に対する給与とされます。

② **個人会員で入会する場合**

⇨ 個人会員たる役員または使用人に対する給与

無記名式の法人会員制度がないため個人会員として入会したもので，入会が会社の業務遂行に必要なときは，会社の資産として計上することができます。

なお，資産に計上した入会金は償却できません。脱退時に返金されないものは，脱退時に一括して損金算入されます。

年会費は入会金の処理に応じた取扱い

ゴルフクラブに支払う年会費，年決めロッカー料その他の費用は，入会金を資産計上していれば交際費，給与のときは会員たる役員または使用人に対する給与とされます。

なお，プレー料などプレーするのに直接かかる費用は，入会金を資産計上しているかどうかにかかわらず，会社の業務遂行に必要なら交際費，そうでなければ給与です。

	入会金	会費	プレー料
法人会員	資産計上	交際費	交際費または給与
個人会員	給与	給与	交際費または給与

110

2】 レジャークラブの入会金等

有効期間があれば返還を受けられない入会金は繰延資産

ゴルフクラブ以外のレジャークラブ（宿泊施設，体育施設，遊技施設などのレジャー施設を会員に利用させることを目的としたクラブ）の入会金も，上記のゴルフクラブ入会金と同じように取り扱われます。

ただし，ゴルフクラブと違ってレジャークラブの入会金の場合，会員の有効期間が定められ脱退時に返金されないものは，繰延資産として償却することができます。

(注) 現実には，脱退するまで会員資格が無制限で半永久的に効力のあるものが多く，その場合は脱退時に一括して損金算入されます。

なお，年会費その他の費用については，その使途に応じて交際費，福利厚生費または給与とされます。

	入会金	年会費その他の費用
法人会員	資産計上	交際費，福利厚生費または給与
個人会員	給与	交際費，福利厚生費または給与

3】 社交団体の入会金等

社交団体の入会金は原則として交際費

社交団体の入会金は，次のように取り扱われます。

① 法人会員で入会するときは，交際費とされます。

（注） 脱会時に返還を受けることができるものは，資産に計上。

② 個人会員で入会するときは，個人会員たる役員または使用人に対する給与とされます。

（注） 法人会員制度がないため個人会員として入会したもので，その入会が会社の業務遂行に必要な場合は，交際費です。

社交団体の会費も通常は交際費

また，社交団体に支払う会費その他の費用は，次のように取り扱われます。

① **経常会費**

⇨ 入会金が交際費のときは会費等も交際費，給与なら給与とされます。

② **経常会費以外の費用**

⇨ 業務遂行に必要なものは交際費，役員または使用人が負担すべきものなら給与とされます。

なお，ロータリークラブやライオンズクラブに対する支払いについては，入会金と経常会費は交際費，その他の費用は支出の目的に応じて寄附金または交際費とされます。ただし，役員または使用人が個人で負担すべきものは給与です。

	入会金	経常会費	その他の会費
法人会員	交際費	交際費	交際費または給与
個人会員	給与	給与	給与

4】 同業団体等の会費

同業団体等の会費で単純損金とならないものもある

会社がその所属する協会，連盟などの同業団体などに支払う会費は，次のように取り扱われます。

① 通常会費は損金に算入されます。ただし，同業団体等で受け入れた通常会費につき多額の剰余金が発生しているときは，その剰余金が適正額になるまで，前払費用の処理をしなければならず，一度に損金算入されません。

② 臨時会費は単純損金とはせず，支出目的に応じて，次のように処理します。

- 会館等の取得または改良 ⇨ 繰延資産
- 会員相互の共済 ⇨ 貸付金
- 会員相互または業界の関係先等との懇親 ⇨ 交際費
- 政治献金その他の寄附 ⇨ 寄附金

なお，たとえ通常会費の名目で徴収されるものでも，その団体の業務運営に通常必要な金額を超える部分は，臨時会費として扱われます。

【5】 使途不明金（使途秘匿金）

使途不明金は損金不算入で，これは受益者の税金を支出者に身代わり負担させようとするものです。使途不明金が認定賞与扱いされると，会社と個人でダブル課税が生じます。

使途不明金は損金不算入

会社が交際費，機密費，接待費などの名目で支払ったお金でその費途が明らかでないものは，損金に算入されません。一般に，この扱いを「使途不明金の損金不算入」といい，使途不明とは第三者（主として税務署）がその会社の使途を把握できない状況をいいますから，これは正確には“使途秘匿金”または“使途説明拒否金”と呼ぶのがふさわしい性格のものです。

内容的には，大半がリベートや手数料，交際費などで，相手方の課税問題を配慮して支払先を秘匿するものです。本来なら，それを受け取った側に課税がなされるべきですが，損金性を否認することで支払者に税金を身代わり負担させる結果となっています。

114

使途秘匿金には追加課税が行われる

なお，法人が支出する「使途秘匿金」は，通常どおり損金不算入の扱いを受けるとともに，さらにその金額の40％相当額の法人税の追加課税がなされます。

この取扱いの対象となる使途秘匿金は，会社がした支出のうち，相手方の住所，氏名と事由を帳簿に記載していないもので，資産の譲受けなどによる支払いであることが明らかなものは除きます。

［設例１］

A社（資本金2,000万円）の当期決算における課税所得金額は1,000万円で，この中には使途秘匿金が100万円含まれています。納付すべき法人税額は，いくらですか。

なお，法人税額から控除される所得税額は10万円，中間納付の法人税は90万円です。

［検　討］

①　通常の法人税額

8,000,000円×15％＝　1,200,000円
2,000,000円×23.2％＝　464,000円
計　1,664,000円

②　使途秘匿金に対する法人税額

1,000,000円×40％＝400,000円

③　納付すべき法人税額

1,664,000円＋400,000円－100,000円（控除所得税額）－900,000円（中間納付税額）＝1,064,000円

使途不明金と認定賞与は本来は別物

使途不明金と似て非なるものに「渡切交際費」があります。会社が役員や使用人に機密費，接待費，交際費，旅費などの名目で渡したお金で，その費途が不明のものまたは会社の業務に関係がないものは給与とする，という取扱いです。

両者はいずれも資金使途が不明な場合ですが，渡切交際費は会社から役員や使用人の手にいったんお金が渡っているという点に違いがあります。もし，それを役員に一時に支給すれば役員賞与ですから，原則として損金不算入の扱いを受け，さらに，役員個人には所得税が課税されます。そして実務上，本来は使途不明金扱いされるはずのものが，税務調査の際に懲罰的な意味合いから，認定賞与として会社と個人にダブルで課税されるケースが往々にしてあるので注意を要します。

116

【6】 損害賠償金

賠償金が確定した時点で損金算入されます。従業員の損害賠償金は，業務に関連し故意や重過失がなければ単純損金です。

賠償額を申し出れば損金算入

会社が，業務遂行に関連して他の者に与えた損害につき賠償金を支払う場合は，賠償額が確定した年度に損金算入されます。損害賠償の交渉で双方が合意に達しないときも，賠償額として相手方に申し出た金額（保険金などで補塡される金額を除く）を未払金に計上すれば，その年度の損金として認められます。

（注） 損害賠償金を年金で支払う場合は，支払日に損金算入されます。

従業員の損害賠償金は故意または重過失がなければ損金算入

役員や使用人が起こした自動車事故などの損害賠償金を会社が負担すれば，次のように取り扱われます。

① 会社の業務遂行に関連するもので，かつ，故意または重過失に基づかないものなら，給与以外の損金に算入されます（源泉徴収は不要）。

② 会社の業務遂行に関連しないとき，または会社の業務遂行に関連するが故意または重過失に基づくものは，役員または使用人に対する債権（立替金または貸付金）とされます。

上記②の場合，本人の支払能力などからみて求償できない事情にあれば，その債権を貸倒れとして損金算入できます。回収が可能なのに貸倒れ処理すれば給与扱いです。

【7】 社葬費用

社葬として合理的な範囲内の費用は，福利厚生費です。香典は，遺族の収入でOK（贈与税の課税なし）。弔慰金は，給与の半年分まで福利厚生費（超過分は退職金）扱いです。

社葬費用は福利厚生費

葬儀とは，本来遺族が執り行う個人的な行事です。しかし，死亡の事情や生前の会社への貢献度などから社葬がふさわしいと考えられるときは，社葬のために通常要する金額が損金に算入されます。

たとえば，創業者や役員など会社で重要な地位を占めていた者に対する社葬のほか，使用人でも業務中に殉職したといったケースで，社葬を行い葬儀費用を会社が負担する場合などがこれにあたります。

社葬費用として損金算入される金額は，その負担が社会通念上，社葬として合理的な範囲内のものかどうかで決まります。妥当な範囲としては，読経料，広告費，会場費，案内状，祭壇料など葬儀と告別式の費用が中心になると考えられます。

本来遺族が負担すべきもの，たとえば通夜や密葬の費用，戒名料，墓地・仏壇の購入費用，香典返しの費用などを会社が負担すれば，これは遺族に対する寄附金（または給与）とされます。

香典は収入計上しなくてよい

社葬費用を会社が負担する場合でも，会葬者が持参した香典は会社の収入としないで，そのまま遺族に渡しても差し支えありません。厳密には，会葬者から遺族への贈与ですが，常識的な金額なら贈与税はかかりません。

役員や使用人の死亡時に支給する退職金は，「みなし相続財産」として相続税の課税対象とされます。所得税と住民税はかかりませんので，死亡退職金を支給する際には源泉徴収を要しません。

118

社葬の有無にかかわらず従業員が死亡したとき会社から支払われる弔慰金は，次の金額までは福利厚生費として損金算入されます。それを超える金額は死亡退職金扱いです。

① **通常の場合：**普通給与（賞与を除く）の半年分相当額

② **業務上の死亡の場合：**普通給与（賞与を除く）の３年分相当額

Ⅳ 営業外損益

1 受取配当の益金不算入

二重課税を排除するための取扱いですが，損益計算書に計上した受取配当の金額をそのまま申告調整で減算するということではありません。短期所有分の配当は益金に算入され，そうでない場合も，原則として受取り額の20%（または50%）相当額だけが益金不算入となります。

二重課税にならないよう設けられた措置

株主への配当は税引き後の利益からするので，受取側の会社でこれを所得扱いすると二重課税になるから申告調整で減算する。「受取配当の益金不算入」制度をひと言で説明すればそういうことですが，具体的な計算上，実務では，とくに次の３点に留意する必要があります。

① 受取り額の20%（または50%）相当額のみが益金不算入

② 短期所有株式の配当は益金算入

③ 関連法人株式に対する負債利子控除の適用

持ち株割合に応じてさまざまな取扱い

この制度は，損益計算書で計上された受取配当金の全額が益金に算入されない，というような単純なものではありません。益金不算入額の計算式は，原則として次のとおりです。

＜算式＞

受取配当金×20% or 50%(注) ＝益金不算入額

（注） 配当基準日の株式保有割合に応じて
　　5％以下の株式 → 20%
　　5％超1／3以下の株式 → 50%

以上のほか，関連法人等からの配当には別の取扱いが設けられており，この制度の全体像は次のようになっています。

種　類	持ち株割合	益金不算入額
一般株式	5％以下	受取配当金×20%
	5％超1／3以下	受取配当金×50%
関連法人株式	1／3超	受取配当金－負債利子
完全子法人株式	100%	受取配当金の全額
外国子会社株式	25%以上	受取配当金×95%

受取利息は益金算入なので配当金も一部は益金算入

一般株式について，一部しか益金不算入とされない理由は次のとおりです。この制度は，もともと「子会社株式」のように，他の会社を支配する目的で所有する場合を前提としています。つまり，子会社の利益を親会社が吸い上げる段階で再度課税すると，子会社を吸収合併して親会社の一部門にする動きが起こりかねません。それでは経済活動に対する税制の中立性が保てないことから，この制度が設けられているのです。

ところが，現実の株式保有は，安定株主化工作による株式の持ち合いや財テクによる購入などのケースがむしろ一般的です。そうすると，銀行へ預金する代わりに株式を購入した場合に，受取利息が益金算入なのに，なにゆえ受取配当金は益金不算入なのかという疑問が生じます。そこで，20％または50％部分のみ益金不算入（残り部分には課税）という扱いになっています。

保有割合１／３超の株式には別の取扱い

配当計算期間を通じて完全支配関係（100％出資関係）にある子会社からの配当は，全額が益金不算入とされます。また，外国子会社から受ける配当は，受取り額の95％相当額を益金不算入とする取扱いも設けられています。

なお，関連法人株式（配当計算期間を通じて３分の１超の持ち分を保有）については，負債利子を控除した残額が益金不算入とされます。これは，借入れをして株式投資をしているときに，借入金利子を損金に算入しながら，他方で配当金を益金不算入扱いするのは理屈にあわず，益金損金対応の原則の観点から，配当を得るのに要した借入金利子を控除することとしているものです。

なお，控除する負債利子額は，関連法人株式の受取配当額の４％（実際に支払った負債利子の10％が上限）とされます。

短期所有株式の配当は益金算入

さて，世の中には知恵者がいて，こういう制度を設けるとそれを逆手にとり，決算間際に株式を購入して，配当受領後直ちに売却し益金不算入の取扱いを受ける，といった悪乗り組が出てきます。

そこで税法では，一時的に所有した株式の配当金には，この制度を適用しないことにしています。具体的には，配当基準日以前１か月以内に購入し，かつ，基準日以後２か月以内に売却したときは，適用対象から除きます。

短期所有株式分の配当金額は，次の算式で計算します。

＜算式＞

$$\text{配当基準日後2か月以内の売却株数}\times\frac{\text{基準日の所有株数}\times\dfrac{\text{基準日以前1か月以内の購入株数}}{\text{基準日より1か月前の所有株数}+\text{基準日以前1か月以内の購入株数}}}{\text{基準日の所有株数}+\text{基準日後2か月以内の購入株数}}$$

（注） この計算式では，配当基準日に所有していた株式を平均的に売却したものと考えています。

［設例１］

所有株式のうちＡ社（決算期は令和７年３月末）株式１万株について，50万円（１株あたり50円）の配当を受け取りました。同社株式に関する最近の購入と売却の状況は，次のとおりです。短期所有株式分の配当金として，益金不算入の適用対象から除かれる金額は，いくらですか。

６年２月末現在の所有株数	7,000株
６年３月中に購入した株数	3,000株
６年３月末現在の所有株数	10,000株
６年４・５月中に購入した株数	2,000株
６年４・５月中に売却した株数	4,000株
６年５月末現在の所有株数	8,000株

［計　算］

$$\text{短期所有株式数：}4,000\text{株}\times\frac{10,000\text{株}\times\dfrac{3,000\text{株}}{7,000\text{株}+3,000\text{株}}}{10,000\text{株}+2,000\text{株}}=1,000\text{株}$$

$$\text{適用除外配当金額：}500,000\text{円}\times\frac{1,000\text{株}}{10,000\text{株}}=50,000\text{円}$$

2 資産の評価損益

税法では，課税の公平化の観点から会社が任意に資産の評価換えをすることを認めません。原則として，評価益は益金不算入，評価損は損金不算入の扱いです。

評価益は原則として益金不算入

会社法や企業会計原則と同様に税法でも，取得原価主義に基づいた経理を要求し時価主義会計は認めません。そこで，会社が保有資産の評価換えをして帳簿価額を引き上げても，次のような場合を除き，その引上げ額は益金とされません。帳簿価額も引上げがなかったものとして，元のまま据え置かれます。

① 会社更生法に基づく更生手続きの開始決定による評価換え

② 民事再生法に基づく再生計画の認可決定による評価換え

損金経理を条件に評価損が認められる

評価益が益金に算入されないだけでなく，評価損も原則として損金不算入です。ただし，棚卸資産，有価証券，固定資産，繰延資産等の資産について次のような事実が生じたときは，損金経理を条件に評価損が損金に算入されます。

① **棚卸資産**

(a) 災害により著しく損傷したこと

(b) 著しく陳腐化したこと

(注) たとえば，季節商品で売れ残ったもの，新製品の発売により販売が困難になったものなど。

(c) 更生手続きや再生手続きの開始で評価換えをする必要が生じたこと

(d) 破損，型崩れ，棚ざらし，品質変化などのため，通常の方法では販売できなくなったこと

② 有価証券

(a) 上場有価証券の時価が帳簿価額のおおむね50%以下となり，かつ，近い将来に回復する見込みがないこと

(b) 非上場有価証券や企業支配株式につき，会社の資産状態が著しく悪化したため，その実質価額が著しく低下したこと

(注) 破産宣告，更生手続きまたは民事再生手続きの開始決定などがあった場合や，1株あたりの純資産価額が取得時のおおむね50%以下になったときは，資産状態が著しく悪化したものとされます。

(c) 更生手続きや民事再生手続きの開始で評価換えをする必要が生じたこと

③ 固定資産，繰延資産

(a) 災害により著しく損傷したこと

(b) 1年以上にわたり遊休状態にあること

(c) 本来の用途に使用できないため転用されたこと

(d) 所在場所の状況が著しく変化したこと

(e) 更生手続きや民事再生手続きの開始で評価換えをする必要が生じたこと

(注) 固定資産の価額の低下が次のような事実に基づくときは，評価損の計上は認められません。

(1) 過度の使用や修理が不十分なため損傷したこと
(2) 償却不足が生じていること
(3) 取得時の事情などで取得価額が同種資産と比べて高いこと
(4) 機械装置が製造方法の急速な進歩で旧式化していること

実務で評価損の計上は困難

企業会計では保守的経理の一環として，評価減を行うことが推奨される傾向にあります。ところが，税法では「貸倒損失」の場合と同じく，公平な課税の観点から税務署により評価損の計上を否認されるケースが多々あります。

そこで実務では，各社とも評価損の計上には大変慎重です。たとえば，季節商品が売れ残りこれを評価減するとしていくらまで評価を落とすか，つまり時価（販売可能価額）をいくらと見るかは，実務的にきわめて難しい問題です。

この場合，期末までに見切り販売することで，評価損でなく売却損（実現損失）として計上し税務署とのトラブルを回避するのが無難，と考える会社も少なくありません。

V 資産の評価

1 棚卸資産の評価

損益計算書に計上される費用のうち，金額的に大きなウエイトを占めるのは「売上原価」で，これは次の算式で計算します。

期首棚卸高＋当期仕入高－期末棚卸高＝売上原価

そこで，期末における商品や製品の評価問題が，当期利益と所得金額の算定に大きく影響します。

商製品・仕掛品・原材料・貯蔵品などが棚卸資産

棚卸資産とは，次のものをいいます。

① 商品または製品

② 半製品

③ 仕掛品

④ 主要原材料

⑤ 補助原材料

⑥ 消耗品で貯蔵中のもの

不動産会社が販売目的で保有する土地や建物は，固定資産と区別して経理すれば棚卸資産に含まれます。

原価法と低価法

税法が認める期末棚卸資産の評価方法は，次のとおりです。

① **原　価　法**

次の6種類の評価方法のうちいずれかで取得価額を計算する方法

(a) **個 別 法**……期末棚卸資産の全部について，個々の取得価額で評価するやり方

(b) **先入先出法**……期末棚卸資産は期末に最も近い時点で取得した棚卸資産から順になるものとみて計算した取得価額で評価するやり方

(c) **総平均法**……期首の棚卸資産と期中に取得した棚卸資産の合計額を，総数量で除して計算した金額を1単位あたりの取得価額とするやり方

(d) **移動平均法**……棚卸資産を取得するつどその時点で有する棚卸資産と新たに取得した棚卸資産との数量および取得価額を基礎として平均単価を計算し，以後同様の方法で計算を行い期末時点での平均単価を計算するやり方

(e) **最終仕入原価法**……期末に最も近い時点で取得したものの単価を1単位あたりの取得価額とするやり方

(f) **売価還元法**……種類等や差益率の同じ棚卸資産ごとに，期末在庫の販売価額に次の原価率をかけて計算した取得価額で評価するやり方

$$\text{原価率}=\frac{\text{期首棚卸資産の取得価額}+\text{当期仕入棚卸資産の取得価額}}{\text{期末棚卸資産の販売価額}+\text{当期売上棚卸資産の販売価額}}$$

② 低　価　法

原価法のいずれかで評価した価額と期末時価のいずれか低い金額で評価する方法

[設例１]

３月中の商品売買の状況は，次のとおりです。各評価方法で計算した期末棚卸高はいくらですか。

３月１日	仕入	300個	@100円
５日	売上	100個	（3/1仕入分）
８日	仕入	300個	@120円
12日	売上	300個	（3/8仕入分）
28日	売上	100個	（3/1仕入分）
30日	仕入	200個	@140円
31日	実地棚卸数量	300個	

[計　算]

(a) 個 別 法

商品の受払いを個々に追跡し，期末在庫品がいつの仕入分であるか特定します。

3/1仕入分　3/30仕入分
100個×100円＋200個×140円＝38,000円

(b) 先入先出法

先に仕入れた商品が先に売れ，最近仕入れた新しい商品が在庫になっていると仮定します。

3/30仕入分　3/8仕入分
200個×140円＋100個×120円＝40,000円

(c) 総平均法

商品が平均的に売れたと仮定し，１期間を通じた総平均単価を計算します。

3/1仕入分　3/8仕入分　3/30仕入分　3/1　3/8　3/30
（300個×100円＋300個×120円＋200個×140円）÷（300個＋300個＋200個）

総平均単価
＝117.5円

300個×117.5円＝35,250円

(d) 移動平均法

商品仕入のつど，その時点での平均単価を計算します。

ⓐ 3/8時点の平均単価

3/1仕入分　3/8仕入分　3/1　3/8
（200個×100円＋300個×120円）÷（200個＋300個）＝112円

ⓑ 3/30時点の平均単価

3/8時点分　3/30仕入分　3/8　3/30
（100個×112円＋200個×140円）÷（100個＋200個）＝130.67円

300個×130.67円＝39,201円

(e) **最終仕入原価法**

期末に最も近い時点での仕入単価で計算します。

3/30
300個×140円＝42, 000円

［設例 2］

次の場合に，売価還元法による期末棚卸高はいくらですか。

期首商品棚卸高（原価）	550万円	当期商品仕入高（原価）	6, 200万円
当期商品販売高（売価）	8, 300万円	期末商品棚卸高（売価）	700万円

［計　算］

原価率の計算：$$\frac{550\text{万円}+6,200\text{万円}}{700\text{万円}+8,300\text{万円}}=0.75$$

期末棚卸高の計算：700万円×0. 75＝525万円

低価法の時価は正味売却価額

低価法で棚卸資産を評価する際の時価は，期末日における通常の売却可能価額から，追加製造原価と販売直接経費の見積り額を控除した「正味売却価額」によることとされています。なお，原材料等の未加工品については購入価額のほうが把握しやすいので，「再調達原価」により計算した金額を期末時価とすることが認められています。

切放し低価法は認められない

低価法で評価するとき，翌期の処理方法には，次の２つがあります。

① **切放し低価法**……評価切下げ後の簿価を繰越棚卸資産の次期における取得価額とみなす方法

② **洗替え低価法**……評価切下げ前の原始取得価額を繰越棚卸資産の次期における取得価額とみなす方法

洗替え低価法によれば，時価の反騰に応じて，前期以前に費用計上した棚卸資産原価の一部または全部を当期の収益に繰り戻す結果となります。そこで企業会計では，保守主義の観点から時価の反騰を度外視する切放し低価法が妥当と考えられます。

ところが税法では，時価回復の事実を重視して，洗替え低価法で処理すべきことを要求し，切放し低価法による処理は認めていません。

法定評価方法は最終仕入原価法

棚卸資産の評価の方法は，事業の種類ごとに，かつ，棚卸資産の種類（商品・製品・半製品 etc.）ごとに選択します。

評価方法の選択の届出は，原則として会社設立初年度の申告期限までにしなければなりませんが，設立後新たに他の種類の事業を開始したときや事業の種類を変更したときは，その年度の申告期限が届出期限です。

会社が評価方法を選択しなかったとき，または選択した方法で評価しなかったときは，「最終仕入原価法」で評価しなければなりません（法定評価方法）。

実務上，中小企業では，大多数の会社が最終仕入原価法を採用していますが，それは評価方法を選択しなかったため，その方法を選択したものとみなされているケースがほとんどです。

変更届は前期末までに提出

評価方法を変更しようとするときは，変更しようとする年度の前期末までに「変更承認申請書」を税務署に提出しなければなりません。

変更承認申請に対して承認または却下の通知がなされますが，現在の評価方法を採用してから相当期間（おおむね３年）を経過していないときは，合併など特別な理由がなければ申請は却下されます。

（注）３年を経過していても，変更することに合理的な理由がなければ変更は認められません。

変更承認申請書の提出があったとき，新たな方法を採用しようとする年度の末日までに通知がなければ，承認があったものとみなされます。

2 有価証券の評価

有価証券は，保有目的に応じて時価法または原価法で評価します。また，原価法の評価方法としては，総平均法または移動平均法しか認められません。

株式・出資金・債券などが有価証券

税法上，有価証券とは，次のようなものをいいます。

① 株券

② 合名会社，合資会社または合同会社の出資証券

③ 国債証券

④ 地方債証券

⑤ 社債券，転換社債券および新株予約権付社債券

⑥ 特別の法律により法人の発行する債券（電信電話債券等）

⑦ 投資信託または貸付信託の受益証券 etc.

時価法または原価法で評価

税法では，有価証券の評価方法を次のように定めています。

① 売買目的の有価証券…………時価法

② 満期保有目的の有価証券……償却原価法

③ その他の有価証券……………原価法

決算日の終値が時価

「商品有価証券」など短期売買目的で取得した有価証券には，時価法を適用します。時価は，期末時点において通常の条件で取引する場合の価格とされます。具体的に上場銘柄の場合には，期末日の“最終価格”（終値）であり，購入手数料などの付随費用は含みません。複数の証券取引所に上場されているときは，主たる証券取引所（売買数量が最も多い取引所）の最終価格によります。

時価法を適用すれば，毎決算期ごとに評価益または評価損が，益金ないし損金として計上されます。

区分経理すれば時価法を適用できる

時価法の適用対象となる売買目的有価証券とは，通常，証券会社や金融機関などで有価証券の売買を専門に行う部署を社内に設け，いわゆるトレーダーが頻繁に売買を繰り返すようなものをいいます。ただし，一般の事業会社でも，「商品有価証券」などの科目で区分経理すれば，時価法を適用することは可能です。

国債・社債などは償却原価法

売買を目的としない有価証券のうち，償還期限と償還金額のあるものについては，帳簿価額と償還金額との差額を取得時から償還時までの期間に配分して，毎期一定の方法で益金または損金に算入します。

主として，国債，社債などの債券類（とくに割引債券）に，この評価方法が適用されます。

通常の有価証券は原価法で評価

売買を目的としない有価証券のうち，上記の償却原価法の対象とならないものには，通常の原価法が適用されます。

原価法にはいろいろありますが，棚卸資産と違って有価証券の場合は，「総平均法」か「移動平均法」しか認められません。有価証券の種類ごとに，この２種類のうちから選択します。

法定評価方法は移動平均法

評価方法の選択の届出は，新たな種類の有価証券を取得したつど，その年度の申告期限までに行わねばなりません。評価方法を選択しなかったときの法定評価方法は，移動平均法です。

なお，評価方法を変更する際の手続きは，棚卸資産の場合と同様です。

Ⅵ 減価償却

1 減価償却資産の範囲

固定資産を購入し使用を開始した時点から減価償却します。取得価額が10万円未満のものは一括損金算入できます。

有形・無形の固定資産が償却対象

減価償却の対象となる資産（「減価償却資産」）は，次のとおりです。

① **有形固定資産**

(a) 建物および附属設備　(b) 構築物
(c) 機械装置　(d) 車両運搬具
(e) 工具，器具および備品　(f) 船舶
(g) 航空機

② **無形固定資産**

(a) 特許権　(b) 実用新案権　(c) 意匠権
(d) 商標権　(e) ソフトウエア　(f) 営業権 etc.

上記の資産であっても，次のものは償却できません。

(1) 棚卸資産，有価証券
(2) 事業の用に供していないもの
(3) 時の経過により価値が減少しないもの

稼働休止中や建設中の資産でも償却できる場合もある

税法上，減価償却は固定資産を事業の用に供した（使用を開始した）時点から行います。購入しただけでは償却できません。したがって，稼働休止中や建設中の資産は償却できないのですが，次のようなものは償却が可能です。

① 休止期間中に必要な維持修繕がなされ，いつでも稼働できる状態にあるもの

② 他の場所で使用するため移設中の固定資産で，移設期間が通常要する期間であるもの

③ 建設中の建物や機械装置で，部分的に完成し事業の用に供しているもの

土地，電話加入権，書画骨とうは非減価償却資産

固定資産のうち次のものは，利用ないし時の経過によって価値が減少しないので減価償却できません（「非減価償却資産」）。

① 土地

② 借地権

③ 電話加入権

④ 書画骨とう

（注） 美術品で１点100万円未満のものは，減価償却資産（備品）とされます。

取得価額が10万円未満なら一括損金算入

減価償却資産（貸付用を除く）のうち次のいずれかにあたるものは，事業の用に供した時点で損金経理すれば，取得価額の全額を一時に損金算入できます。

① 取得価額が10万円未満のもの

② 使用可能期間が１年未満のもの

これらの資産も，購入しただけでは損金になりません。事業の用に供した時点で一括して損金経理することになります。なお，いったん資産に計上し償却計算を開始した資産を，その後の期間で一括損金経理しても認められません。

中小企業は30万円未満で一括損金算入

一時に損金算入できる「少額減価償却資産」に関して，中小企業者（大法人の子会社を除く資本金１億円以下の法人）のうち従業員数が500人以下の法人には，10万円ではなく30万円基準の特例が設けられています。年間300万円までという制約がありますが，その金額まで30万円未満のものは一時に損金算入ができます。この特例は，令和８年３月31日までに取得する資産（貸付用を除く）につき時限的に適用されます。

20万円未満のものは３年間で一括償却できる

取得価額が10万円以上20万円未満の減価償却資産（貸付用を除く）については，事業年度ごと一括して３年間で償却できる取扱いが設けられています。通常の減価償却計算とは，次のように違っています。

① 耐用年数が何年でもすべて３年間で償却します。

② 残存価額を０として均等償却します。

③ 初年度も月割り額でなく年額をまるまる計上できます。

④ ３年以内に除却しても除却処理はできません。

通常の償却を行うか，この一括償却によるかは，個々の資産ごとに選択できます。

少額基準は取引単位ごとに判定

取得価額が10万円未満等かどうかは，通常１単位として取引されるその単位ごとに判定します。たとえば，機械装置は１台または１基ごと，工具，器具および備品は１個，1組または１そろいごと，といったぐあいです。したがって，事務用机，椅子などは１個ずつ判定しますが，応接セットは机と椅子を一体で判定することになります。

(注) 10万円等の判定の際に消費税額を含めるか否かは，税抜き経理と税込み経理のいずれであるかによります。

使用可能期間が１年未満のものとは，①使用状況や補充状況などからみてその業界で一般に消耗性のものと認識され，②その会社の平均的な使用状況や補充状況などからみて（おおむね過去3年間の平均値で判定），その使用可能期間が1年未満のものをいいます。

2 減価償却の計算要素

【1】 取得価額

取得価額には，購入代金のほか仲介手数料などの付随費用も含まれます。登録免許税と不動産取得税は，期間費用で処理することもできます。

仲介手数料や立退料も取得価額に算入

減価償却資産の「取得価額」には，購入代金のほか取得に関連して支出する付随費用も含まれます。たとえば，土地や建物を購入するとき，その土地や建物を従来から使用していた者に支払う立退料は，取得価額に計上しなければなりません。

土地や建物を購入する際の仲介手数料も同様の扱いです。土地と建物をセットで購入したときは，その仲介手数料の総額を土地代と建物代の金額で按分し，それぞれの資産に配賦しなければなりません。その結果，建物の取得価額に含められた部分の仲介手数料だけが償却計算の対象とされます。

また，建物付きの土地を購入したとき，あるいは自己の所有土地にある借地人の建物を購入したとき，注意すべき取扱いがあります。それは，取得後おおむね１年以内にその建物の取壊しに着手するなど，当初から土地のみを利用する目的であったと認められるときは，その建物の取壊し時の帳簿価額と取壊し費用も，土地の取得価額に算入するというものです。

142

税金や金利は期間費用

付随費用のうち次のものは，取得価額に算入しないことができます。

① 租税公課

(a) 不動産取得税または自動車取得税

(b) 特別土地保有税のうち土地の取得に課されるもの

(c) 新増設に対する事業所税

(d) 登録免許税など登記または登録に要する費用

② 建物を建設するための調査，測量，設計，基礎工事等でその建設計画を変更したことで不要となった費用

③ 契約を解除して他の固定資産を取得することにした場合に支払う違約金

④ 固定資産の取得のための借入金利子

⑤ 割賦販売で固定資産を購入したとき，その契約で購入代価と割賦期間中の利息および売手側の代金回収費用等の金額が明らかに区分されている場合のその利息および費用相当額

⑥ 新工場の落成，操業開始などに伴う記念パーティー費用など固定資産の取得後に生ずる付随費用

【2】 耐用年数

実務では，耐用年数表に従って耐用年数を決定します。中古資産は，経過年数に応じた簡便計算で残存耐用年数を計算するのが一般的です。

耐用年数表で画一的に定める

本来，固定資産は同種のものでも，操業度の大小，技術水準，修繕維持の程度，経営立地条件の違いなどで耐用年数は異なるはずです。ところが，課税の公平化の観点から恣意性を排除するため，原則として税法では，個々の資産の置かれた特殊事情にかかわらず，画一的に定めた耐用年数（法定耐用年数）によるべきことを要求しています。そして実務では，ほぼすべての会社が，この税法で定める耐用年数に従っています。

税務上の法定耐用年数は，「耐用年数表」で詳細に定められています。

（注） 税務上も会社の個別事情に応じて，耐用年数の短縮，増加償却等の特例が設けられていますが，実務ではあまり適用例はありません。

耐用年数表（抜粋）

種類	構造又は用途	細目	耐用年数
建物	鉄骨鉄筋コンクリート造又は鉄筋コンクリート造のもの	事務所用又は美術館用のもの及び下記以外のもの	50年
		住宅用，寄宿舎用，宿泊所用，学校用又は体育館用のもの	47
		飲食店用，貸席用，劇場用，演奏場用，映画館用又は舞踏場用のもの	
		飲食店用又は貸席用のもので，延べ面積のうちに占める木造内装部分の面積が３割を超えるもの	34
		その他のもの	41
		旅館用又はホテル用のもの	
		延べ面積のうちに占める木造内装部分の面積が３割を超えるもの	31
		その他のもの	39
		店舗用のもの	39
		病院用のもの	39
		変電所用，発電所用，送受信所用，停車場用，車庫用，格納庫用，荷扱所用，映画製作ステージ用，屋内スケート場用，魚市場用又はと畜場用のもの	38
		公衆浴場用のもの	31

建物		工場（作業場を含む。）用又は倉庫用のもの	
		塩素，塩酸，硫酸，硝酸その他の著しい腐食性を有する液体又は気体の影響を直接全面的に受けるもの，冷蔵倉庫用のもの（倉庫事業の倉庫用のものを除く。）及び放射性同位元素の放射線を直接受けるもの	24
		塩，チリ硝石その他の著しい潮解性を有する固体を常時蔵置するためのもの及び著しい蒸気の影響を直接全面的に受けるもの	31
		その他のもの	
		倉庫事業の倉庫用のもの	
		冷蔵倉庫用のもの	21
		その他のもの	31
		その他のもの	38
	れんが造，石造又はブロック造のもの	事務所用又は美術館用のもの及び下記以外のもの	41
		店舗用，住宅用，寄宿舎用，宿泊所用，学校用又は体育館用のもの	38
		飲食店用，貸席用，劇場用，演奏場用，映画館用又は舞踏場用のもの	38
		旅館用，ホテル用又は病院用のもの	36
		変電所用，発電所用，送受信所用，停車場用，車庫用，格納庫用，荷扱所用，映画製作ステージ用，屋内スケート場用，魚市場用又はと畜場用のもの	34
		公衆浴場用のもの	30
		工場（作業場を含む。）用又は倉庫用のもの	
		塩素，塩酸，硫酸，硝酸その他の著しい腐食性を有する液体又は気体の影響を直接全面的に受けるもの及び冷蔵倉庫用のもの（倉庫事業の倉庫用のものを除く。）	22
		塩，チリ硝石その他の著しい潮解性を有する固体を常時蔵置するためのもの及び著しい蒸気の影響を直接全面的に受けるもの	28
		その他のもの	
		倉庫事業の倉庫用のもの	
		冷蔵倉庫用のもの	20
		その他のもの	30
		その他のもの	34
	金属造のもの（骨格材の肉厚が 4 ミリメートルを超えるものに限る。）	事務所用又は美術館用のもの及び下記以外のもの	38
		店舗用，住宅用，寄宿舎用，宿泊所用，学校用又は体育館用のもの	34
		飲食店用，貸席用，劇場用，演奏場用，映画館用又は舞踏場用のもの	31
		変電所用，発電所用，送受信所用，停車場用，車庫用，	

建物		格納庫用，荷扱所用，映画製作ステージ用，屋内スケート場用，魚市場用又はと畜場用のもの	31
		旅館用，ホテル用又は病院用のもの	29
		公衆浴場用のもの	27
		工場（作業場を含む。）用又は倉庫用のもの	
		塩素，塩酸，硫酸，硝酸その他の著しい腐食性を有する液体又は気体の影響を直接全面的に受けるもの，冷蔵倉庫用のもの（倉庫事業の倉庫用のものを除く。）及び放射性同位元素の放射線を直接受けるもの	20
		塩，チリ硝石その他の著しい潮解性を有する固体を常時蔵置するためのもの及び著しい蒸気の影響を直接全面的に受けるもの	25
		その他のもの	
		倉庫事業の倉庫用のもの	
		冷蔵倉庫用のもの	19
		その他のもの	26
		その他のもの	31
	金属造のもの（骨格材の肉厚が３ミリメートルを超え４ミリメートル以下のものに限る。）	事務所用又は美術館用のもの及び下記以外のもの	30
		店舗用，住宅用，寄宿舎用，宿泊所用，学校用又は体育館用のもの	27
		飲食店用，貸席用，劇場用，演奏場用，映画館用又は舞踏場用のもの	25
		変電所用，発電所用，送受信所用，停車場用，車庫用，格納庫用，荷扱所用，映画製作ステージ用，屋内スケート場用，魚市場用又はと畜場用のもの	25
		旅館用，ホテル用又は病院用のもの	24
		公衆浴場用のもの	19
		工場（作業場を含む。）用又は倉庫用のもの	
		塩素，塩酸，硫酸，硝酸その他の著しい腐食性を有する液体又は気体の影響を直接全面的に受けるもの及び冷蔵倉庫用のもの	15
		塩，チリ硝石その他の著しい潮解性を有する固体を常時蔵置するためのもの及び著しい蒸気の影響を直接全面的に受けるもの	19
		その他のもの	24
	金属造のもの（骨格材の肉厚が３ミリメートル以下のものに限る。）	事務所用又は美術館用のもの及び下記以外のもの	22
		店舗用，住宅用，寄宿舎用，宿泊所用，学校用又は体育館用のもの	19
		飲食店用，貸席用，劇場用，演奏場用，映画館用又は舞踏場用のもの	19
		変電所用，発電所用，送受信所用，停車場用，車庫用，格納庫用，荷扱所用，映画製作ステージ用，屋内	

建物		スケート場用，魚市場用又はと畜場用のもの	19
		旅館用，ホテル用又は病院用のもの	17
		公衆浴場用のもの	15
		工場（作業場を含む。）用又は倉庫用のもの	
		塩素，塩酸，硫酸，硝酸その他の著しい腐食性を有する液体又は気体の影響を直接全面的に受けるもの及び冷蔵倉庫用のもの	12

実務では耐用年数の決定は簡単

税法の耐用年数表は，非常に詳細なものです。まず，固定資産の種類（建物，構築物，機械装置 etc.）ごとに分類し，次に，同じ建物でもこれを造りによって，鉄筋コンクリート造，金属造，木造，モルタル造という具合に分類します。さらに，同じ金属造でも，骨格材の厚さが何ミリメートルあるかで細分類。その上，同じ厚さの金属造でも，事務所用，住宅用，倉庫用，工場用等々の用途に応じて耐用年数が異なるという，大変きめ細かな分類になっています。

構築物や機械など他の固定資産も同様で，通常，各企業はこの耐用年数表に従って処理しています。自社で購入した資産が，この表のどれにあたるか——通常のものなら10秒もあれば探し出せますから，実務では耐用年数の決定にはさほど労力を要しません。

中古資産の耐用年数は経過年数に応じた簡便計算が一般的

中古の減価償却資産を取得したときは，それを事業の用に供した時以後の使用可能期間（残存耐用年数）を見積もり，その期間を耐用年数として償却計算ができます。

ただし，実務上この見積りには，困難を伴います。そこで，次の算式で計算した年数を残存耐用年数とする簡便法が認められており，一般にこの簡便計算によっています。

＜算式＞

① **法定耐用年数の全部を経過したもの**

$$法定耐用年数 \times \frac{20}{100}$$

② **法定耐用年数の一部を経過したもの**

$$(法定耐用年数 - 経過年数) + 経過年数 \times \frac{20}{100}$$

(注)　1年未満の端数は切り捨て，計算結果の年数が2年未満の場合は2年とします。

なお，中古資産の残存耐用年数の見積りは，その資産を事業の用に供した期間にのみ認められます。つまり，その期間に見積りをせず法定耐用年数を適用してしまうとそれまで。以後の期間では見積りができませんからご注意ください。

改良費が取得価額の50％超なら別途に計算式

中古資産を取得して，それを事業の用に供するにあたり改良したときは特別の取扱いがあります。それは，改良費がその中古資産の取得価額の50％相当額を超えるときは，さきの簡便法は適用できないという点です。この場合，次の算式で計算した年数（1年未満切捨て）が残存耐用年数とされます。

＜算式＞

$$（\text{取得価額}＋\text{改良費}）\div\left(\frac{\text{取得価額}}{\text{簡便法で計算した残存耐用年数}}+\frac{\text{改良費}}{\text{法定耐用年数}}\right)$$

(注) この算式は，簡便法で計算した中古部分の残存耐用年数と，改良部分の法定耐用年数を加重平均するという考え方に基づいています。

なお，中古資産を取得し改良した場合で，改良費がその中古資産の再取得価額（その資産と同じ新品のものを取得する場合の価額）の50％相当額を超えるときは，もはやその資産に残存耐用年数の適用は認められません。法定耐用年数で償却しなければなりません。

［設　例］

建築後13年経過した金属造建物（法定耐用年数30年）を600万円で取得しました。次の各ケースで，耐用年数はそれぞれ何年ですか。

ケース1：改良せずにそのまま使用するとき

ケース2：改良費400万円を支出するとき

ケース3：改良費700万円を支出するとき

なお，この建物と同一のものを新たに建築するとすれば，1,200万円を要します。

［計　算］

ケース1：$(30\text{年}-13\text{年})+13\text{年}\times0.2=19.6$ ⇨ 19年

ケース2：$(600\text{万円}+400\text{万円})\div\left(\frac{600\text{万円}}{19\text{年}}+\frac{400\text{万円}}{30\text{年}}\right)=22.26$ ⇨ 22年

ケース3：改良費が再取得価額の50％を超えるので，法定耐用年数の30年で償却

【3】 残存価額

> 残存価額を取得価額の10%として償却計算します。耐用年数到来後も帳簿価額が取得価額の５％相当額になるまでは償却を続行します。
>
> なお，平成19年度の改正で残存価額は廃止されました（❸・【2】参照）。

残存価額は取得価額の10%

減価償却資産の耐用年数が到来した時点で予想される，処分価格または利用可能価格のことを「残存価額」といいます。取得価額からこの残存価額を控除した金額が，耐用年数の各期間にわたって計上される減価償却費の総額です。

税法では，次のように画一的に残存価額を定め，実務では通常これに従って償却計算をしています。

① **有形減価償却資産**……取得価額の10%

② **無形減価償却資産**……０

償却可能限度額は95%

有形減価償却資産については，耐用年数が到来し帳簿価額が残存価額まで下落したときも，その資産を引き続き事業の用に供していれば，従来どおりのペースで償却計算を続行できます。

ただし，帳簿価額が取得価額の５％相当額になれば償却をストップ。以後はその額のまま帳簿価額を据え置いて，除却時または売却時にその額が「固定資産除却損」または「固定資産売却損(益)」として損金に算入されます。

このことは言いかえれば，取得価額の95%相当額を減価償却費として損金算入できる，つまり「償却可能限度額」が95%であることを意味します。

(注) 無形固定資産は，取得価額の全額が償却可能限度額です。

150

堅固な建物等は1円まで償却できる

次のような堅固な建物等は，帳簿価額が取得価額の5％まで下落した後も，税務署に申請して認定を受けた残存使用可能期間に基づき，帳簿価額が1円になるまで償却できます。

① 鉄筋鉄骨コンクリート造，鉄筋コンクリート造，れんが造，石造またはブロック造の建物

② 鉄筋鉄骨コンクリート造，鉄筋コンクリート造，コンクリート造，れんが造，石造または土造の構築物または装置

3 減価償却の方法

【1】 平成19年３月31日以前に取得した資産の償却方法

> 税法でも償却方法を複数のものから選択できます。ただし実務では，定額法か定率法を選択している会社がほとんどです。しかも，法定償却方法が定率法なので，これを採用する会社が圧倒的多数を占めます。
>
> なお，平成19年度の改正により，減価償却資産の償却計算が変更になった（【2】参照）ことから，それまでの償却方法を「旧○○法」と呼んでいます。

税務上は定額法か定率法が一般的

税法では，代表的な償却方法の「旧定額法」と「旧定率法」について，次のように定めています。

① **旧 定 額 法**

減価償却資産の取得価額から残存価額を控除した金額に，償却費が毎期同額となるよう定められた償却率をかけて計算した金額を毎期の償却限度額とするやり方

＜**算式**＞

（取得価額－残存価額）×旧定額法の償却率＝償却限度額

② **旧 定 率 法**

減価償却資産の税務上の未償却残高（償却過不足がなければ帳簿価額と同額）に，償却費が毎期一定の割合で逓減するよう定められた償却率をかけて計算した金額を毎期の償却限度額とするやり方

＜**算式**＞

税務上の未償却残高×旧定率法の償却率＝償却限度額
（取得価額－既償却額）

(注) 前期から繰り越された償却超過額があるときは，次の算式で償却限度額を計算します。

（期首帳簿価額＋繰越償却超過額）×償却率＝償却限度額

その他特別な償却方法の選択も可能

税法ではこのほか，「生産高比例法」による償却計算も規定しています。これは，鉱業用の減価償却資産と鉱業権についてのみ認められる方法で，毎期の採掘量を基準として償却限度額を計算します。また，「取替法」「級数法」「運行距離比例法」といった特別な償却方法も，税務署の承認を受けることを条件に認められています。

ただしいずれも，実務ではあまり一般的な話ではないので，詳しい説明は省略します。

会計期間が1年未満なら償却率を換算

耐用年数に応じた旧定額法と旧定率法の償却率は，「償却率表」に記載されています。この償却率は1年間を基準とするものですから，会計期間が1年未満の会社では，次のように償却率を換算します。

① **定額法の償却率**＝年間償却率×$\frac{\text{当期の月数}}{12}$（小数点3位未満切上げ）

② **定率法の償却率**＝$\left(\text{耐用年数}\times\frac{12}{\text{当期の月数}}\right)$ に応じた年間償却率

平成19年３月31日以前に取得をした減価償却資産の償却率表

耐用年数	旧定額法の償却率	旧定率法の償却率	耐用年数	旧定額法の償却率	旧定率法の償却率	耐用年数	旧定額法の償却率	旧定率法の償却率
2年	0.500	0.684	36	0.028	0.062	70	0.015	0.032
3	0.333	0.536	37	0.027	0.060			
4	0.250	0.438	38	0.027	0.059	71	0.014	0.032
5	0.200	0.369	39	0.026	0.057	72	0.014	0.032
			40	0.025	0.056	73	0.014	0.031
6	0.166	0.319				74	0.014	0.031
7	0.142	0.280	41	0.025	0.055	75	0.014	0.030
8	0.125	0.250	42	0.024	0.053			
9	0.111	0.226	43	0.024	0.052	76	0.014	0.030
10	0.100	0.206	44	0.023	0.051	77	0.013	0.030
			45	0.023	0.050	78	0.013	0.029
11	0.090	0.189				79	0.013	0.029
12	0.083	0.175	46	0.022	0.049	80	0.013	0.028
13	0.076	0.162	47	0.022	0.048			
14	0.071	0.152	48	0.021	0.047	81	0.013	0.028
15	0.066	0.142	49	0.021	0.046	82	0.013	0.028
			50	0.020	0.045	83	0.012	0.027
16	0.062	0.134				84	0.012	0.027
17	0.058	0.127	51	0.020	0.044	85	0.012	0.026
18	0.055	0.120	52	0.020	0.043			
19	0.052	0.114	53	0.019	0.043	86	0.012	0.026
20	0.050	0.109	54	0.019	0.042	87	0.012	0.026
			55	0.019	0.041	88	0.012	0.026
21	0.048	0.104				89	0.012	0.026
22	0.046	0.099	56	0.018	0.040	90	0.012	0.025
23	0.044	0.095	57	0.018	0.040			
24	0.042	0.092	58	0.018	0.039	91	0.011	0.025
25	0.040	0.088	59	0.017	0.038	92	0.011	0.025
			60	0.017	0.038	93	0.011	0.025
26	0.039	0.085				94	0.011	0.024
27	0.037	0.082	61	0.017	0.037	95	0.011	0.024
28	0.036	0.079	62	0.017	0.036			
29	0.035	0.076	63	0.016	0.036	96	0.011	0.024
30	0.034	0.074	64	0.016	0.035	97	0.011	0.023
			65	0.016	0.035	98	0.011	0.023
31	0.033	0.072				99	0.011	0.023
32	0.032	0.069	66	0.016	0.034	100	0.010	0.023
33	0.031	0.067	67	0.015	0.034			
34	0.030	0.066	68	0.015	0.033			
35	0.029	0.064	69	0.015	0.033			

［設　例］

取得価額100万円，耐用年数５年の機械を取得しました。旧定額法または旧定率法による償却額は，いくらですか。

耐用年数５年の場合の償却率は，旧定額法0. 200，旧定率法0. 369です。

［計　算］

① 旧定額法の場合

期	期首帳簿価額	償　却　額	償却費累計
1	1, 000, 000円	180, 000円	180, 000円
2	820, 000円	180, 000円	360, 000円
3	640, 000円	180, 000円	540, 000円
4	460, 000円	180, 000円	720, 000円
5	280, 000円	180, 000円	900, 000円

（注１） 毎期の償却額：（1, 000, 000円－100, 000円）×0. 200＝180, 000円

（注２） 旧定額法の償却率は，次の計算で求めた数値です。

$$\frac{1}{5\text{年}} = 0.200$$

② 旧定率法の場合

期	期首帳簿価額	償　却　額	償却費累計
1	1, 000, 000円	369, 000円	369, 000円
2	631, 000円	232, 839円	601, 839円
3	398, 161円	146, 921円	748, 760円
4	251, 240円	92, 707円	841, 467円
5	158, 533円	58, 498円	899, 965円

（注１） 第１期の償却額：1, 000, 000円×0. 369＝369, 000円
第２期の償却額：　631, 000円×0. 369＝232, 839円
第３期の償却額：　398, 161円×0. 369＝146, 921円
第４期の償却額：　251, 240円×0. 369＝ 92, 707円
第５期の償却額：　158, 533円×0. 369＝ 58, 498円

（注２） 旧定率法の償却率には，残存価額10％の要素が織り込み済です。したがって，旧定額法の計算と違って取得価額から残存価額を控除しません。

（注３） 第５期の期末の償却費累計額は，本来は旧定額法と同じく900, 000円になるはずです。ところが，償却率（0. 369）が小数点以下４位未満の端数を処理した数値であり，また，償却限度を超過しないように円未満の端数を切り捨てた金額で償却費を計上しているため，若干の誤差が出ています。

【2】 平成19年４月１日以後に取得した資産の償却方法

平成19年度の改正により，19年４月１日以後に取得する減価償却資産の償却計算の仕方が大きく変わりました。

残存価額および償却可能限度額の廃止

有形固定資産につき，従来，取得価額の10％相当額とされていた残存価額が廃止されました。耐用年数経過時点で１円（備忘価額）まで償却が可能となりました。これに伴い，取得価額の95％を償却可能限度とする取扱いも廃止されました。

250％定率法の導入

定率法の償却率が，定額法の償却率を2.5倍した数とされました。定額法の償却率は「１÷耐用年数」の算式で求められますから，定率法の償却率は次のようになります。

耐用年数	定額法	定率法	旧定率法
２年	0.500	1.000	0.684
３年	0.334	0.833	0.536
４年	0.250	0.625	0.438
５年	0.200	0.500	0.369
７年	0.143	0.357	0.280
10年	0.100	0.250	0.206
15年	0.067	0.167	0.142
20年	0.050	0.125	0.109

償却方法の切替え制度の導入

250%定率法を採用した場合，「$\frac{1}{\text{耐用年数}}\times 2.5$」の償却率で計算していくと，耐用年数経過時の帳簿価額を備忘価額まで引き下げることができません。そこで早期償却を促す観点から，定率法で計算した償却額が一定の金額を下回る時点から，均等償却法に切り替えて償却することになります。ここで一定の金額とは，耐用年数から経過年数を控除した期間内に，その時点での帳簿価額を均等償却した場合の償却額をいいます。

［設　例］

取得価額100万円，耐用年数５年の機械を，ある事業年度（１年決算）の期首に取得しました。耐用年数５年の場合の償却率は，定額法0.200，定率法0.500です。

［計　算］

① **定額法の場合**

期	期首帳簿価額	償　却　額	償却費累計
1	1,000,000円	200,000円	200,000円
2	800,000円	200,000円	400,000円
3	600,000円	200,000円	600,000円
4	400,000円	200,000円	800,000円
5	200,000円	199,999円	999,999円
計		999,999円	

（注１） 毎期の償却額：1,000,000円×0.200＝200,000円

（注２） 最終期は，備忘価額１円を残した金額で償却します。

② **250%定率法の場合**

期	定　率　法		均等償却法		(新)定率法による償却額
	期首帳簿価額	償　却　額	切替後の簿価	償　却　額	
1	1,000,000円	500,000円	1,000,000円	200,000円	500,000円
2	500,000円	250,000円	500,000円	125,000円	250,000円
3	250,000円	125,000円	250,000円	83,333円	125,000円
4	125,000円	62,500円	125,000円	62,500円	62,500円
5	62,500円	31,250円	62,500円	62,500円	62,499円
	計	968,750円			999,999円

（注１） 右端が250％定率法による償却額です。

（注２） 定率法による償却額

第１期の償却額：1,000,000円×0.500＝500,000円

第２期の償却額：（1,000,000円－500,000円）×0.500＝250,000円

第３期以降は，第２期に準じて計算します（円未満の端数切捨て）。

（注３） 均等償却法による償却額

第１期の償却額：1,000,000円÷５＝200,000円

第２期の償却額：500,000円÷４＝125,000円

第３期以降も同様に，期首帳簿価額を未経過年数で除して計算します（円未満の端数切捨て）。

（注４） 最後まで定率法で計算すると，トータルの償却累計額が999,999円になりません。そこで，未経過期間による均等償却額が定率法の償却額を上回る時点から償却方法を切り替えます。この設例の場合，第５期において均等償却額（62,500円）が定率償却額（31,250円）を上回るので，この期から切り替えます。

（注５） 最終期は，備忘価額１円を残した金額で償却します。

保証率と改定償却率を使って計算

以上が，250％償却法における切換え制度の基本的な考え方ですが，実務では，「保証率」および「改定償却率」を使って，次のように簡便計算を行います。

（注） 次ページのH19/4/1～H24/3/31の欄の定率法償却率，改定償却率および保証率を参照してください。

<保証率を使った計算>

償却保証額＝取得価額×保証率

＝1，000，000円×0．06249＝62，490円

この62，490円が，5年間の各期間で償却費として損金算入される保証額です。その場合，定率法のまま償却計算を行うと，第5期の償却額が次のように償却保証額を下回ります。

調整前償却額（31，250円）＜償却保証額（62，490円）

そこで，第5期から均等償却法に切り換え，次の計算によって，第5期の償却額は62，499円（備忘価額1円控除）となります。

改定償却額＝改定取得価額×改定償却率

＝62，500円×1．000＝62，500円 → 62，499円

ここで改定償却率とは，定率法の償却率に代えて，以後の年度において使用する均等償却の償却率のことです。

過年度取得分に関する経過措置

平成19年3月31日以前に取得した減価償却資産は，改正前の制度の適用により，今後も償却可能限度額（95％）までしか償却ができません。未償却残高（5％）については，これまで売却ないし除却されるまで据え置かれましたが，現行制度の導入に伴い，償却可能限度額まで償却した事業年度の翌期以後5年間で，備忘価額まで均等償却できることとされました。

減価償却資産の償却率表

	H19/4/1～	H19/4/1～H24/3/31（250％定率法）			H24/4/1～（200％定率法）		
耐用年数	定額法償却率	定率法償却率	改定償却率	保証率	定率法償却率	改定償却率	保証率
2	0.500	1.000			1.000		
3	0.334	0.833	1.000	0.02789	0.667	1.000	0.11089
4	0.250	0.625	1.000	0.05274	0.500	1.000	0.12499
5	0.200	0.500	1.000	0.06249	0.400	0.500	0.10800
6	0.167	0.417	0.500	0.05776	0.333	0.334	0.09911
7	0.143	0.357	0.500	0.05496	0.286	0.334	0.08680
8	0.125	0.313	0.334	0.05111	0.250	0.334	0.07909
9	0.112	0.278	0.334	0.04731	0.222	0.250	0.07126
10	0.100	0.250	0.334	0.04448	0.200	0.250	0.06552
11	0.091	0.227	0.250	0.04123	0.182	0.200	0.05992
12	0.084	0.208	0.250	0.03870	0.167	0.200	0.05566
13	0.077	0.192	0.200	0.03633	0.154	0.167	0.05180
14	0.072	0.179	0.200	0.03389	0.143	0.167	0.04854
15	0.067	0.167	0.200	0.03217	0.133	0.143	0.04565
16	0.063	0.156	0.167	0.03063	0.125	0.143	0.04294
17	0.059	0.147	0.167	0.02905	0.118	0.125	0.04038
18	0.056	0.139	0.143	0.02757	0.111	0.112	0.03884
19	0.053	0.132	0.143	0.02616	0.105	0.112	0.03693
20	0.050	0.125	0.143	0.02517	0.100	0.112	0.03486
21	0.048	0.119	0.125	0.02408	0.095	0.100	0.03335
22	0.046	0.114	0.125	0.02296	0.091	0.100	0.03182
23	0.044	0.109	0.112	0.02226	0.087	0.091	0.03052
24	0.042	0.104	0.112	0.02157	0.083	0.084	0.02969
25	0.040	0.100	0.112	0.02058	0.080	0.084	0.02841
26	0.039	0.096	0.100	0.01989	0.077	0.084	0.02716
27	0.038	0.093	0.100	0.01902	0.074	0.077	0.02624
28	0.036	0.089	0.091	0.01866	0.071	0.072	0.02568
29	0.035	0.086	0.091	0.01803	0.069	0.072	0.02463
30	0.034	0.083	0.084	0.01766	0.067	0.072	0.02366
31	0.033	0.081	0.084	0.01688	0.065	0.067	0.02286
32	0.032	0.078	0.084	0.01655	0.063	0.067	0.02216
33	0.031	0.076	0.077	0.01585	0.061	0.063	0.02161
34	0.030	0.074	0.077	0.01532	0.059	0.063	0.02097
35	0.029	0.071	0.072	0.01532	0.057	0.059	0.02051
36	0.028	0.069	0.072	0.01494	0.056	0.059	0.01974
37	0.028	0.068	0.072	0.01425	0.054	0.056	0.01950
38	0.027	0.066	0.067	0.01393	0.053	0.056	0.01882
39	0.026	0.064	0.067	0.01370	0.051	0.053	0.01860
40	0.025	0.063	0.067	0.01317	0.050	0.053	0.01791
41	0.025	0.061	0.063	0.01306	0.049	0.050	0.01741
42	0.024	0.060	0.063	0.01261	0.048	0.050	0.01694
43	0.024	0.058	0.059	0.01248	0.047	0.048	0.01664
44	0.023	0.057	0.059	0.01210	0.045	0.046	0.01664
45	0.023	0.056	0.059	0.01175	0.044	0.046	0.01634
46	0.022	0.054	0.056	0.01175	0.043	0.044	0.01601
47	0.022	0.053	0.056	0.01153	0.043	0.044	0.01532
48	0.021	0.052	0.053	0.01126	0.042	0.044	0.01499
49	0.021	0.051	0.053	0.01102	0.041	0.042	0.01475
50	0.020	0.050	0.053	0.01072	0.040	0.042	0.01440
51	0.020	0.049	0.050	0.01053			
52	0.020	0.048	0.050	0.01036			
53	0.019	0.047	0.048	0.01028			
54	0.019	0.046	0.048	0.01015			
55	0.019	0.045	0.046	0.01007			
56	0.018	0.045	0.046	0.00961			
57	0.018	0.044	0.046	0.00952			
58	0.018	0.043	0.044	0.00945			
59	0.017	0.042	0.044	0.00934			
60	0.017	0.042	0.044	0.00895			

【3】 平成24年4月1日以後に取得した資産の償却方法

平成23年度の改正により，平成24年4月1日以後に取得する減価償却資産について，200%定率法が導入されました。

200%定率法の導入

定率法の償却率が，定額法の償却率を2.0倍した数に改められました（定額法の計算は従来どおり）。定額法の償却率は，「1÷耐用年数」の算式で計算しますから，定率法の償却率が次のように変わっています。

耐用年数	250%定率法	200%定率法
3年	0.833	0.667
4年	0.625	0.500
5年	0.500	0.400
6年	0.417	0.333
10年	0.250	0.200
15年	0.167	0.134
20年	0.125	0.100

【4】 償却方法の選択と変更

> 減価償却方法は，資産の種類ごとに選択できます。3年経過後には変更も可能ですが，定率法から定額法への変更時には，若干ややこしい計算が要求されます。

減価償却資産の区分ごとに償却方法を定める

会社が選択できる償却方法は，減価償却資産の区分に応じ次のとおりです。

資産区分		平成19年3月31日以前の取得資産	平成19年4月1日以後の取得資産	平成28年4月1日以後の取得資産
建物	平成10年3月31日以前取得分	旧定額法または旧定率法		
	平成10年4月1日以後取得分	旧定額法	定額法	
建物附属設備・構築物		旧定額法または旧定率法	定額法または定率法	定額法
その他有形減価償却資産		旧定額法または旧定率法	定額法または定率法	
無形減価償却資産		旧定額法	定額法	

(注) 建物は，生産性や収益性にあまり左右されず長期安定的に使用されます。そこで平成10年度の改正により，時の経過に応じて均等に償却する「定額法」に限ることとされました。

また，建物附属設備および構築物についても，平成28年度改正により「定率法」による償却は認められなくなりました。

種類ごと事業所ごとに償却方法を選択

償却方法の選択は，資産の種類（機械装置・車両運搬具・工具器具備品 etc.）ごとに行い，採用しようとする年度の申告期限までに税務署へ届け出なければなりません。

有形減価償却資産については，同一種類の資産でも事業所が異なるごとに別の償却方法を選択することもできます。ですから，機械装置は定額法で器具備品に定率法を選択したり，あるいは機械装置のうちＡ工場のものは定額法，Ｂ工場は定率法を選択することも可能です。

なお，会社が償却方法を選択しなかったときは，次の方法（法定償却方法）を選択したものとみなされます。

有形減価償却資産……定率法（平成10年４月以後に取得した建物，平成28年４月以後に取得した建物附属設備および構築物は定額法）

(注) 実務では，大多数の会社で定率法を採用していますが，中小企業の場合，積極的に償却方法の選択をしなかったため，そのように扱われているケースがほとんどです。

変更届は前期末までに提出

現在の償却方法を変更しようとするときは，変更しようとする年度の前期末までに「変更承認申請書」を税務署に提出しなければなりません。

変更承認申請に対して承認または却下の通知がなされますが，現在の償却方法を採用してから相当期間（おおむね３年）を経過していないときは，合併など特別な理由がなければ申請は却下されます。

(注) ３年を経過していても，変更することに合理的な理由がなければ変更は認められません。

変更承認申請書を提出したとき，その年度の末日までに通知がなければ承認があったものとみなされます。

償却方法を変更したときの償却限度額の計算

償却方法を変更したときの償却限度額は，次のように計算します。

① **定額法から定率法に変更したとき**

期首帳簿価額×法定耐用年数に応じた定率法の償却率

② **定率法から定額法に変更したとき**

次の取得価額，残存価額および耐用年数に基づいて計算します。

(a) **取得価額**＝変更した年度の期首現在の帳簿価額

(b) **残存価額**＝実際の取得価額の10％相当額

(c) **耐用年数**＝法定耐用年数または法定耐用年数から経過年数(注)を控除した年数（2年未満のときは2年）

(注) 変更した年度の期首現在の帳簿価額を実際の取得価額で除した割合（未償却残額割合）に対応する経過年数をいい，この割合は「定率法未償却残額表」に示されています。

［設　例］

次のような状況にある機械の償却方法を変更しました。①定額法から定率法，②定率法から定額法に変更した場合のそれぞれにつき，変更年度の償却額はいくらですか。

取得価額　2,000,000円　　変更時の帳簿価額　886,300円　　法定耐用年数　10年

［計　算］

① **定額法から定率法に変更したとき**

886,300円×0.200（10年の償却率）＝177,260円

② **定率法から定額法に変更したとき**

・取得価額：886,300円

・耐用年数：未償却残額割合＝$\frac{886,300円}{2,000,000円}$＝0.443（小数第4位四捨五入）

「定率法未償却残額表」で，“0.443”は「耐用年数10年」の欄の“0.512”と“0.410”の中間に位するので，下位の“0.410”に応ずる『4年』が経過年数です。そこで，この機械の耐用年数を6年（10年－4年）として，次のように償却限度額を計算します。

886,300円×0.167（6年の償却率）＝148,012円

定率法未償却残額表（平成24年４月１日以後取得分）

耐用年数	3	4	5	6	7	8	9	10	11	12	13	14	15	16	17	18	19	20	21	22	23	24
償却率	0.667	0.500	0.400	0.333	0.286	0.250	0.222	0.200	0.182	0.167	0.154	0.143	0.133	0.125	0.118	0.111	0.105	0.100	0.095	0.091	0.087	0.083
改定償却率 / 経過年数	1.000	1.000	0.500	0.334	0.334	0.334	0.250	0.250	0.200	0.200	0.167	0.167	0.143	0.143	0.125	0.112	0.112	0.112	0.100	0.100	0.091	0.084
1年	0.333	0.500	0.600	0.667	0.714	0.750	0.778	0.800	0.818	0.833	0.846	0.857	0.867	0.875	0.882	0.889	0.895	0.900	0.905	0.909	0.913	0.917
2	0.111	0.250	0.360	0.445	0.510	0.563	0.605	0.640	0.669	0.694	0.716	0.734	0.752	0.766	0.778	0.790	0.801	0.810	0.819	0.826	0.834	0.841
3	0.000	0.125	0.216	0.297	0.364	0.422	0.471	0.512	0.547	0.578	0.605	0.629	0.652	0.670	0.686	0.703	0.717	0.729	0.741	0.751	0.761	0.771
4		0.000	0.108	0.198	0.260	0.316	0.366	0.410	0.448	0.481	0.512	0.539	0.565	0.586	0.605	0.625	0.642	0.656	0.671	0.683	0.695	0.707
5			0.000	0.099	0.173	0.237	0.285	0.328	0.366	0.401	0.433	0.462	0.490	0.513	0.534	0.555	0.574	0.590	0.607	0.621	0.634	0.648
6				0.000	0.086	0.158	0.214	0.262	0.300	0.334	0.367	0.396	0.425	0.449	0.471	0.494	0.514	0.531	0.549	0.564	0.579	0.595
7					0.000	0.079	0.143	0.197	0.240	0.278	0.310	0.340	0.368	0.393	0.415	0.439	0.460	0.478	0.497	0.513	0.529	0.545
8						0.000	0.071	0.131	0.180	0.223	0.258	0.291	0.319	0.344	0.366	0.390	0.412	0.430	0.450	0.466	0.483	0.500
9							0.000	0.066	0.120	0.167	0.207	0.242	0.274	0.301	0.323	0.347	0.368	0.387	0.407	0.424	0.441	0.458
10								0.000	0.060	0.111	0.155	0.194	0.228	0.258	0.283	0.308	0.330	0.349	0.369	0.385	0.402	0.420
11								11年	0.000	0.056	0.103	0.145	0.182	0.215	0.242	0.269	0.293	0.314	0.334	0.350	0.367	0.386
12								12年		0.000	0.051	0.097	0.137	0.172	0.202	0.230	0.256	0.279	0.300	0.318	0.335	0.354
13								13年			0.000	0.048	0.091	0.129	0.162	0.191	0.219	0.244	0.267	0.286	0.305	0.324
14								14年				0.000	0.045	0.086	0.121	0.153	0.182	0.208	0.233	0.255	0.274	0.294
15								15年					0.000	0.043	0.081	0.114	0.145	0.173	0.200	0.223	0.244	0.264
16								16年						0.000	0.040	0.075	0.108	0.138	0.167	0.191	0.213	0.235
17								17年							0.000	0.036	0.071	0.103	0.133	0.159	0.183	0.205
18								18年								0.000	0.034	0.068	0.100	0.127	0.152	0.175
19								19年									0.000	0.033	0.067	0.095	0.122	0.146
20								20年										0.000	0.033	0.064	0.091	0.116
21																		21年	0.000	0.032	0.061	0.086
22																		22年		0.000	0.030	0.057

4 償却限度額の計算

> 減価償却費の税法限度超過額は，損金不算入です。償却不足額も原則として損金になりませんが，繰越超過額があれば損金算入。期中取得資産の償却限度額は，月割りで計算します。

限度額以内で損金経理した金額が損金算入

法人税法上，減価償却費を損金に算入するためには，次の条件を２つともみたさなければなりません。

① 損金経理（費用処理）した金額であること

② 税務上の償却限度額以下の金額であること

償却費のような計算上の数字については，会社自身が償却実施の意思表示（損金経理）をしなければならない。つまり，償却するかどうかを会社の意思に委ねています（任意償却）が，償却を行う場合でも，無制限には損金算入を認めず一定の限度額を設けているということです。

損金経理した償却費のうち，税務上の限度額を超過する金額は申告書の別表４で加算します。一方，償却不足額は損金経理していないので当期の損金には算入されません。もちろん，繰り越して翌期の償却限度額に上乗せするなどということも認められません。償却不足額は，その固定資産の帳簿価額に残留し，耐用年数経過後の期間に償却費として損金経理すれば損金に算入されます。

なお，前期以前の期間に償却超過が生じている資産は，償却不足額の範囲内でその繰越償却超過額が“認容”され，当期に損金扱いされます。

<ケース１>

Ｐ／Ｌ計上額	100万円	
税法限度額	70万円	
限度超過額	30万円	⇨ 損金不算入（別表４で加算）

＜ケース２＞

Ｐ／Ｌ計上額	50万円		
税法限度額	70万円		
限度不足額	20万円	⇨	切捨て

＜ケース３＞

	前　期	当　期
Ｐ／Ｌ計上額	100万円	50万円
税法限度額	70万円	70万円
過不足額	30万円	▲20万円
	⇩	⇩
	損金不算入 （加算）	損金算入 （減算）

（注） 限度超過額の残額（10万円）は，翌期以降に繰り越され償却不足が生じたときに損金算入されます。また，当期の限度不足額が過去の超過額（30万円）を超えれば，当期の損金算入額は30万円です（超過額を限度に認容）。

期中取得資産は月割り償却

年度の途中で取得して事業の用に供した減価償却資産（期中取得資産）の償却限度額は，次の算式で「月割り計算」した金額です。

＜算式＞

$$\text{償却限度額の年額} \times \frac{\text{事業の用に供した日から期末までの月数}}{\text{当期の月数}} = \text{償却限度額}$$

（注） 月数に１か月未満の端数があれば１か月とします。

［設　例］

資本金1,000万円の会社において，当期（令和６年４月１日～令和７年３月31日）の減価償却資産の明細は，次のとおりです。それぞれ償却限度額および申告調整で加算または減算すべき金額は，いくらですか。同社が選択している償却方法は，旧定率法または定率法です。

① **建物附属設備**

取得年月日	平成15年２月24日	取得価額	3,800,000円
期末帳簿価額	114,002円	当期償却額	37,999円
耐用年数（償却率）	15年（0.142）		

② **機械及び装置**

取得年月日	令和６年８月25日	取得価額	8,800,000円
期末帳簿価額	4,800,000円	当期償却額	4,000,000円
耐用年数（償却率）	10年（0.200）	保証率	0.06552

改定償却率　0.250

③　工　具

取得年月日	令和２年10月18日	取得価額	420,000円
期末帳簿価額	36,288円	当期償却額	36,288円
耐用年数（償却率）	５年(0.400)	保証率	0.10800
改定償却率	0.500		

④　器具及び備品

取得年月日	令和４年11月７日	取得価額	650,000円
期末帳簿価額	109,813円	当期償却額	50,000円
耐用年数（償却率）	６年(0.333)	保証率	0.09911
改定償却率	0.334	前期繰越償却超過額	213,583円

［計　算］

①　**建物附属設備**

償却前の帳簿金額：114,002円＋37,999円＝152,001円

当期償却限度額：

過年度に簿価が取得価額の５％に達しているので，当期は５年均等償却

$$\left(3{,}800{,}000\text{円} \times 5\% - 1\text{円}\right) \times \frac{12\text{月}}{60\text{月}} = 37{,}999\text{円}$$（償却過不足なし）

(注)　備忘価額（１円）を残すため，上記の計算式となります。

②　**機械及び装置**

償却前の帳簿金額：4,800,000円＋4,000,000円＝8,800,000円

当期償却限度額：

・普通償却：$8{,}800{,}000\text{円} \times 0.200 \times \frac{8\text{月}}{12\text{月}} = 1{,}173{,}333\text{円}$……ⓐ

・特別償却：8,800,000円×30％＝2,640,000円…………………ⓑ

(注)　中小企業者（大法人の子会社を除く資本金１億円以下の法人）が取得した１台160万円以上の機械装置については，初年度に取得価額の30％相当額の特別償却が認められています。

ⓐ＋ⓑ＝3,813,333円

償却超過額：4,000,000円－3,813,333円＝186,667円（別表４で加算）

③　**工　具**

償却前の帳簿価額：36,288円＋36,288円＝72,576円

当期償却限度額：

・償却保証額：420,000円×0.10800＝45,360円…………………ⓒ

・調整前償却額：72,576円×0.500＝36,288円…………………ⓓ

ⓒ＞ⓓにつき，改定償却率による計算を行います。

72,576円×0.500＝36,288円（償却過不足なし）

④　**器具及び備品**

償却前の帳簿金額：109,813円＋50,000円＋213,583円＝373,396円

当期償却限度額：373,396円×0.333＝124,340円

償却不足額：124,340円－50,000円＝74,340円

減価償却超過額の当期認容額：

74,340円＜213,583円　⇒　74,340円（別表４で減算）

5 資本的支出と修繕費

固定資産の手直し費用が一時に損金になるか，償却計算を通じて徐々に損金とされるかの違いです。実務では，金額基準（20万円基準，60万円基準）等の形式基準で判定することが多いようです。

当期の費用か徐々に費用化されるかの違い

固定資産の修理や改良などをしたとき，2通りの経理処理が考えられます。たとえば，手持ちの機械を手直ししたときの仕訳は，次のとおりです。

①	（借）機　　械	×××	（貸）現金預金	×××
②	（借）修 繕 費	×××	（貸）現金預金	×××

これは，手直し費用の支出を「資本的支出」（①の処理）と「収益的支出」（②の処理）のいずれと認識するかの違いです。会計上これは，支出した全額が当期の費用となるか，いったん資産に計上して以後耐用期間で徐々に費用化するかの違いとなって表れます。

資本的支出と収益的支出のいずれであるかは，その支出により固定資産の価値が増加しまたは耐用年数が延長するのか，あるいはそのような事実はなく単なる維持修繕にとどまるのかで判断します。税法では，いずれの処理をするかで課税所得に影響するため，この判断基準に関して詳細な取扱いを設けています。

耐用年数の延長や価値の増加があれば資本的支出

税法の取扱いでは，資本的支出とは，固定資産の修理，改良などの支出額のうち，次の算式で計算した金額（両方に該当するときはいずれか多い金額）をいいます。

＜算式＞

① **使用可能期間（耐用年数）が延長されると認められるとき**

$$\text{支出金額}\times\frac{\text{支出後に予想された使用可能期間}-\text{支出前に予想される使用可能期間}}{\text{支出後に予想される使用可能期間}}=\text{資本的支出の金額}$$

② **価値が増加すると認められるとき**

$$\text{支出直後の価額（時価）}-\text{通常の維持管理をしている場合に予想される支出直前の価額（時価）}=\text{資本的支出の金額}$$

用途変更の模様替えは資本的支出

固定資産の価値を高め，または耐久性を増す支出が資本的支出です。たとえば，次のようなものがこれにあたります。

① 建物の避難階段の取付けなど物理的に付加した部分の金額

② 用途変更のための模様替えなど改造または改装に直接要した金額

③ 機械の部品をとくに品質や性能の高いものに取り替えた場合の取替費用のうち，通常の取替えに要する費用を超える部分の金額

（注） 建物の増築，構築物の拡張や延長などは資本的支出ではなく，建物や構築物そのものの取得です。

維持管理や原状回復の費用は修繕費

一方，収益的支出とは，固定資産の修理，改良などの支出額のうち，通常の維持管理費用，あるいは災害の原状回復費用などをいいます。たとえば，次のような金額は，「修繕費」として全額を当期の損金とすることが認められています。

① 建物の移築に要した金額

② 機械装置の移設に要した金額

③ 地盤沈下した土地を沈下前の状態に回復するために行う地盛りに要した金額

④ 地盤沈下で海水等に侵害されるのを防止するための建物や機械装置な

どの床上げ，地上げ，移設に要した金額

⑤ 現に使用している土地の水はけを良くするために行う砂利や砕石などの敷設に要した金額，および砂利道または砂利路面に砂利や砕石などを補充するために要した金額

通常は形式基準で判断する

税法の通達で，資本的支出と修繕費が上記のように例示されています。しかし，これらはあくまで部分的なもので，現実には判断に迷うケースが多々あります。そこで実務では，通常，次の形式基準で判定します。

① 少額または周期の短い費用の損金算入

1つの修理や改良のための支出が次のいずれかにあたれば，修繕費として損金経理できます。

(a) 支出額が20万円未満のとき

(b) おおむね3年以内の周期で修理や改良が行われているとき

② 形式基準による修繕費の判定

資本的支出と修繕費のいずれか明らかでない支出で次のいずれかにあたるものは，修繕費として損金経理できます。

(a) 支出額が60万円未満のとき

(b) 支出額が修理・改良した資産の前期末の取得価額のおおむね10％相当額以下のとき

(注) 10％基準は，「原始取得価額＋前期末までの資本的支出額」で判定し，帳簿価額（未償却残高）は関係ありません。

③ 資本的支出と修繕費の区分の特例

資本的支出と修繕費のいずれか明らかでないときは，継続適用を条件に次のいずれか少ない金額を修繕費として損金経理できます。

(a) 支出額の30％相当額

(b) 対象資産の前期末取得価額の10％相当額

6 特別償却

租税政策上認められる償却で，通常の償却費とは別枠で一定額まで損金扱いされます。ほとんどが特殊なケースですが，よく利用されているのは中小企業で機械を購入したときの特別償却制度です。

特別償却で課税の繰延べ

会計上の減価償却は，正確な期間損益計算を行うための費用配分の手続きです。そこでは所定の償却方法に従って，毎期計画的，規則的に実施すべきものとされています。ところが，こうした損益計算目的による本来の減価償却（「普通償却」）とは別の償却制度があります。産業政策の一環で税務上の恩典として認められているもので，これを「特別償却」（広義）といいます。

特別償却には，次の２種類のものがあります。

- **特別償却**（狭義）……取得価額に一定割合をかけた金額が一時に損金算入される制度
- **割増償却**……普通償却限度額に一定割合をかけた金額が割増しで損金算入される制度

特別償却制度にはいろいろありますが，いずれも早期の償却を認め損金算入時期を繰り上げることで，課税の繰延べを図る制度です。

172

20通りの特別償却制度

現行税法には，20通りの特別償却制度が設けられています。それらのものを全て頭に入れておく必要などさらさらありません。しかし，経理マンとして，決算時に本を開いて該当資産がないかどうかの検討はしなければなりません。

対象資産のなかには別途，法人税額の「特別控除」の制度が設けられているものもあります。ただし，特別償却と税額控除を重ねて適用することはできません。また，租税特別措置法に規定する「圧縮記帳」（IX参照）の適用を受けた資産についても，特別償却は適用されません。

20通りあるなか，実務でよく利用されるのは「中小企業者が機械等を取得した場合の特別償却」と「中小企業者が特定経営力向上設備等を取得した場合の特別償却」です。

いずれも青色申告を行う法人にのみ認められている恩典です。

中小企業で160万円以上の機械等を購入すれば30%の特別償却

中小企業者（大法人の子会社を除く資本金1億円以下の法人）が，次の資産を取得し事業の用に供したとき，初年度に取得価額の30%相当額を，普通償却とは別枠で償却費に計上できます。

① すべての機械装置

② 測定・検査工具

③ 普通貨物自動車（3.5トン以上）

④ 内航航船（取得価額の75%が対象）

⑤ ソフトウエア

なお，機械装置，工具およびソフトウエアについては，次の金額基準が設けられています。

機械装置……1台または1基が160万円以上

工　　具……1組または1式が120万円以上

（注） 同一種類で複数台の工具を購入したときは，合計で120万円以上なら適用できます。

ソフトウエア……取得価額の合計が70万円以上

＜算式＞

普通償却限度額＋特別償却限度額＝初年度の償却限度額

$$\left(\text{取得価額}\times\frac{30}{100}\right)$$

認定を受けた経営力向上設備を購入すれば即時償却

中小企業者向けにもう一つ，経営力向上設備に対する特別償却制度が設けられています。令和７年３月31日までに取得し事業の用に供するという期間限定の取扱いですが，こちらは30％どころか，即時償却（初年度に全額償却）が認められます。

また，特別償却に代えて，取得価額の７％（特定中小企業者（資本金3,000万円以下）は10％）相当額を法人税額から控除することもできます。

きわめてビックな恩典のため，この制度を適用するための前提として，まずは「経営力向上計画」を策定し，経済産業大臣等の認定を受けなければなりません。認定済みの計画に盛り込まれた一定額以上の所定の設備を取得することで，上記の特別償却または税額控除が認められます。

（注） 経営力向上設備には，次の４種類のものがあります。
① 生産性向上設備：販売開始後一定期間内のもので，生産性（単位時間あたりの生産量，精度，エネルギー効率等）が，旧モデル比で年１％以上向上する設備
② 収益力強化設備：投資利益率が５％以上となると見込まれることについて，経済産業局の確認を受けた投資計画に記載されている設備
③ デジタル化設備：テレワーク等を行うためのデジタル化設備（遠隔操作，可視化，自動制御化のいずれかに該当するもの）
④ 経営資源集約化設備：M&A の投資効果を高める設備で総資産利益率または有形固定資産回転率が一定以上上昇するもの（システム統合への投資や M&A 後の新製品の製造設備など）

特別償却の償却不足額は１年間に限り繰り越せる

償却費の税法限度不足額は，通常，翌期以降に繰り越して損金算入することはできません。ところが，特別償却の償却不足額は，連続して青色申告している会社にかぎり，その不足額の生じた期間の開始日から１年以内に開始する年度（１年決算なら翌期）に繰り越すことが認められています。

定率法による普通償却限度額は，前期から繰り越した未償却残高（帳簿価額）に償却率をかけて計算しますが，繰越償却不足額があるときはその金額をすでに償却したものとみなして，次の算式で償却限度額を計算します。

（期首帳簿価額－繰越償却不足額）×償却率＝普通償却限度額

普通償却限度額＋繰越償却不足額＝当期償却限度額

［設　例］

資本金3,000万円の青色申告の会社で機械を取得し事業の用に供しました。

①　事業の用に供した日：令和６年10月20日

②　取得価額：2,000万円

③　法定耐用年数（償却率）：８年（定率法0.250）

この機械に対して税法で認められる特別償却（償却割合30％）を行い，当期（令和７年３月期）に定率法による普通償却額と合わせて，700万円の減価償却費を計上しました。翌期（令和８年３月期）に繰り越される償却不足額および翌期の償却限度額はいくらですか。

［計　算］

(a)　**令和７年３月期**

普通償却限度額　　特別償却限度額

償却限度額の計算：$\left(20,000,000円\times0.250\times\frac{6}{12}\right)+\left(20,000,000円\times\frac{30}{100}\right)$

＝8,500,000円

償却不足額の計算：8,500,000円－7,000,000円＝1,500,000円

これは特別償却の不足額なので，翌期に繰り越すことができます。

（注）　償却後の帳簿価額（B／S計上額）

20,000,000円－7,000,000円＝13,000,000円

(b)　**令和８年３月期**

償却限度額の計算：（13,000,000円－1,500,000円）×0.250＝2,875,000円

（普通償却限度額）

当期の償却限度額は，普通償却限度額と繰越償却不足額の合計です。

2,875,000円＋1,500,000円＝4,375,000円

2通りの経理処理方法

特別償却の経理処理には，次の2通りの方法があります。

① **通 常 方 式**

通常の減価償却と同じように処理するやり方

（借）減価償却費	×××	（貸）機　　　械	×××

② **剰余金処分方式**

償却費を損益計算上の費用に計上しないやり方

（借）繰越利益剰余金	×××	（貸）特別償却準備金	×××

特別償却費には費用性なし

特別償却による償却額は，正規の減価償却手続きで費用配分されるものにあらず。租税政策上の優遇措置として損金算入される項目ですから，損益計算の観点からは費用性が認められません。

そこで，特別償却を損益計算書に費用として計上する①の経理処理には，会計上，疑問が残ります。貸借対照表に計上する数字に関しても，この処理では固定資産の残高が，会社法でいう“相当の償却”を行った後の評価額といえるかどうか疑義が残ります。

会計上は，特別償却は損益計算と関係なく剰余金の処分で行うのが正しいと考えられており，貸方科目の特別償却準備金は，純資産の部に利益剰余金として計上するのが妥当です。

剰余金処分方式のときは申告調整で損金算入

税法でも企業会計の考え方を尊重し，剰余金の処分で特別償却をしたときも償却限度額は損金算入されます。

実務的には，中小企業では特別償却も通常の定額法または定率法による償却と同じように，さきの通常方式（①）で処理するケースが多いようです。しかし，法定監査を受ける規模の会社になると，そのような会社法上疑義のある経理処理は認められないため，必ず剰余金処分方式（②）によっています。

剰余金処分方式で経理するときは，特別償却の金額が損金経理されませんから，申告書の別表4で減算します。

特別償却は損金算入の先取り

通常方式で特別償却するときは，減価償却の総額がその分減少します。たとえば，「中小企業者の機械等の特別償却」を行えば初年度に取得価額の30%が損金算入されますから，定額法または定率法による普通償却の総額は残りの70%となります。

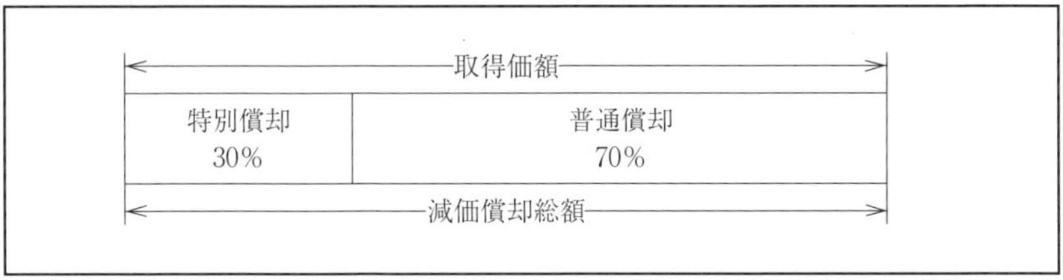

これは，特別償却をすれば将来の普通償却の実施可能範囲が狭まることを意味し，特別償却が“課税の繰延べ”の措置であるといわれるゆえんです。合計の償却可能限度額はあくまで取得価額どまり。償却の実施時期を繰り上げることで，いま支払うべき税金を先送りするのが特別償却の制度である，という点にご留意ください。

178

特別償却準備金は７年間で均等取崩し

剰余金処分方式で経理すれば，通常の減価償却計算とは別枠で特別償却をします。ということは，耐用年数の全期間を通じて普通償却だけで取得価額の全額が費用化されます。

ところが，こういう処理をしたとしても特別償却の本質（課税の繰延べ）に変わりはありません。そこで，初年度に損金算入された特別償却の金額が，翌期から７年間で均等額ずつ益金に算入されます。そのため，初年度に設定した特別償却準備金を，翌期から７年間で取り崩さなければなりません。

（注）耐用年数が10年未満のものは，５年またはその耐用年数のいずれか短い年数が取崩し期間とされます。

＜算式＞

$$\text{特別償却準備金のうち損金算入された金額} \times \frac{\text{当期の月数}}{84} = \text{益金算入額}$$

Ⅶ 繰延資産

1 会社法上の繰延資産

会社法では，５項目に限って繰延経理を認め，一定期間内に毎期均等額以上の償却をすべきこととしています。税法では，これらの損金算入時期を会社の経理に委ねています（任意償却）。

会社法上の繰延資産は５項目に限定

企業会計では，発生主義に基づく期間損益思考から，支出の効果が将来に及ぶものを将来の費用として繰延経理することにしています。会社法でもこの考え方を受けて，次の５項目につき「繰延資産」の計上を認めています。

① 株式交付費　② 社債発行費　③ 創立費
④ 開業費　⑤ 開発費

（注） 社債発行差金（社債償還差損益）については，社債金額から直接控除することとされ，繰延資産の範囲から除外されています。

企業会計上，これらの繰延資産は，支出した事業年度に全額費用計上するのが原則ですが繰延処理も認められ，その場合には支出の効果の及ぶ期間にわたり定額法等で償却することとされています。

税法の規定は企業会計とは異なる

法人税法では，法人が支出する費用のうち支出の効果が将来に及ぶものを繰延資産とし，具体的には次の６項目とされています。

① **創立費**……発起人に支払う報酬，設立登記のために支出する登録免許税など会社の設立のために支出する費用

② **開業費**……会社の設立後営業を開始するまでに開業準備のため特別に支出する費用

③ **開発費**……新たな技術や経営組織の採用，資源の開発，または市場の開拓のため特別に支出する費用

④ **株式交付費**……株券等の印刷費，増資の登記の登録免許税など自己の株式の交付のために支出する費用

⑤ **社債等発行費**……社債券等の印刷費，社債の登記の登録免許税など債券の発行のために支出する費用

⑥ **その他の費用**

損金経理した金額がそのまま損金算入

会社法や会計基準で認められている繰延資産について，法人税法では，その繰延資産の帳簿価額が償却限度額とされています。つまり，①～⑤のものについて税務上の損金算入時期は，会社の経理にゆだねられています。したがって，支出時に全額を費用処理するか，繰延経理で償却計算を行うか，いずれの処理も認められます。

なお，社債発行差金については，社債の償還期間にわたって月割りで均等償却することとされています。

2 税務上の繰延資産

> 税法では，繰延資産の範囲を会社法より広くとらえ，これに該当する項目は一時に損金算入できません。所定の期間で毎期均等額の償却が要求されます。

税務上の繰延資産は長期前払費用として計上するのが一般的

税法では，会社法で規定する繰延資産のほか，次のような費用でその支出の効果が１年以上に及ぶものを繰延経理すべきものとしています。

① 自己が便益を受ける公共的施設または共同的施設の設置や改良のために支出する費用
② 資産を賃借または使用するために支出する権利金，立退料等の費用
③ 役務の提供を受けるために支出する権利金等の費用
④ 広告宣伝用の資産を贈与する費用
⑤ その他自己が便益を受けるために支出する費用

これらの項目は，会社法に規定する繰延資産ではないため，貸借対照表で「繰延資産」の区分に表示するわけにいきません。実務では，一般に「投資その他の資産」の区分で「長期前払費用」の科目で計上しているケースが多いようです。

具体例と償却期間は通達に定める

税務上の繰延資産は，その支出の効果の及ぶ期間で均等に償却しなければなりません。

＜算式＞

$$\text{繰延資産の額} \times \frac{\text{当期中の償却期間の月数}}{\text{支出の効果の及ぶ期間の月数}} = \text{償却限度額}$$

(注) 月数に１か月未満の端数が生じたときは，１か月とします。

税務上の繰延資産の具体的な内容や償却期間は，次のように定められています。

種類		細目	償却期間
公共的施設等の負担金	公共的施設の設置等のために支出する費用	負担者がもっぱら使用する場合	その施設の耐用年数の$\frac{7}{10}$
		その他の場合	その施設の耐用年数の$\frac{4}{10}$
	共同的施設の設置等のために支出する費用	共同の用または協会等の本来の用に供する場合	その施設の耐用年数の$\frac{7}{10}$ （土地の取得部分は45年）
		商店街等の共同用アーケード，日よけ，アーチ，すずらん灯など共同の用，一般公衆の用に供される場合	5年 （その施設の耐用年数が5年未満のときはその年数）
資産を賃借するための権利金等	建物を賃借するために支出する権利金等 （(注)土地を賃借するための権利金（借地権）は非償却資産）	新築建物の賃借部分の建築費の大部分に相当し，かつ，建物の存続期間中賃借できる状況にある場合	その建物の耐用年数の$\frac{7}{10}$
		上記以外の権利金で，契約等により借家権として転売できるものである場合	その建物の見積残存耐用年数の$\frac{7}{10}$
		その他の場合	5年 （賃借期間が5年未満のときはその年数）
	電子計算機等の機器の賃借に伴って支出する費用		その機器の耐用年数の$\frac{7}{10}$ （その年数が契約による賃借期間を超えるときはその賃借期間）
役務提供の権利金等	ノーハウの頭金等		5年 （有効期間が5年未満のときはその期間）
広告宣伝用資産	広告宣伝の用に供する資産を贈与したことにより生ずる費用		その資産の耐用年数の$\frac{7}{10}$ （その年数が5年を超えるときは5年）
その他の繰延資産	同業者団体等の加入金		5年
	出版権の設定の対価，職業運動選手等の契約金		契約期間 （契約期間の定めがないときは3年）
	スキー場のゲレンデ整備費用		12年

(注) 償却期間に1年未満の端数があるときは，その端数を切り捨てます。

[設　例]

当期（令和6年4月1日〜令和7年3月31日）に，次のような繰延資産の支出をしました。当期の償却限度額は，それぞれいくらですか。

① 当社商品の宣伝を目的として陳列ケース（耐用年数8年）45万円を購入し，得意先に贈与しました（支出日は令和6年8月20日）。

② ビルの1室を賃借するために，保証金400万円を支払いました（支出日は令和6年10月15日）。この保証金は，退去時に20％を差し引いて残額が返還されます。契約期間は，2年ごと自動更新されることになっています。

③ ○○市が当社工場の側面道路を舗装することになり，当社はその費用の一部720万円を負担します。この道路の耐用年数は15年で，支払額が確定したのは令和6年12月10日です。なお，この負担金は，4年間均等分割払いの約束で当期末までに180万円を支払い，残額を未払金に計上しました。道路工事は，令和6年11月中に着工しています。

④ 同業者団体に加入して加入金15万円を支出しました（支出日は令和7年3月1日）。

[計　算]

① **陳列ケースの贈与費用**

償却期間：8年×$\frac{7}{10}$＝5.6年　⇨　5年

償却限度額：450,000円×$\frac{8}{60}$＝60,000円

(注) 陳列ケースを取得した得意先側には，受贈益が発生します。ただし，贈与者側の取得価額の$\frac{2}{3}$相当額が30万円以下なら，贈与による経済的利益はないものとされます。

② **建物賃借の権利金**

償却期間：5年

(注) 5年未満の期間で償却計算ができるのは，契約更新時に再び権利金等の支払いを要することが明らかな場合だけです。

償却限度額：800,000円×$\frac{6}{60}$＝80,000円

(注) 繰延資産となるのは，総額400万円のうち返還されない部分（80万円）のみです。残額は，差入保証金等の科目で「投資その他の資産」の区分に計上されます。

③ **道路設置負担金**

償却期間：15年×$\frac{4}{10}$＝6年

償却限度額：1,800,000円×$\frac{4}{72}$＝100,000円

(注1) 3年を超えて分割支払いするときは，たとえ総額が確定していても未払金に計上して償却することはできません。

(注2) 繰延資産となるべき費用を支出したとき，それが固定資産を利用するためのもので，かつ，その固定資産の建設に着手していないときは，着手した時点から償却を開始します。

④ **同業者団体加入金**

償却限度額：150,000円

(注) 20万円未満の繰延資産は，支出時に全額損金算入することができます。

VIII 引当金

1 貸倒引当金

【1】 税務上の貸倒引当金

税法では，貸倒引当金は過去の貸倒れ実績に基づいて計算します。設定対象は，会計上の帳簿残高を調整した税務上の貸金残高です。

税務では引当経理を限定

企業会計では，発生主義に基づく経理処理として将来の費用に対する引当計上を要求し，この考え方は原則として税法にも採用されています。ただし，税法は“適正な課税”“公平な課税”を第一義とします。そこで，将来の見積りをベースにした引当経理を無制限に認めるわけにはいかず，引当金の計上を次の２項目に限定しています。

① 貸倒引当金

② 返品調整引当金

（注） 返品調整引当金は，令和３年３月31日までに開始する事業年度において設定が認められ，それ以降は１年ごと10分の１ずつ縮小した額での引当てが認められます。

かつては，このほか税務上も賞与引当金，退職給与引当金，製品保証等引当金などの計上が認められていましたが，平成10年度，14年度の改正でそうした引当金はすべて廃止され，いまある引当金は上記の２つだけです。

返品調整引当金は，設定対象が一部の事業や資産に限られます。そこで以下，貸倒引当金についてのみ説明することにします。

【2】 貸倒引当金の設定法人

大法人では銀行等を除き，税務上の貸倒引当金の設定が認められず，中小法人等においてのみ損金算入が認められます。

税務上，貸倒引当金は次の法人においてのみ認められ，その他の法人では設定できません。

① 中小法人等

・普通法人のうち資本金１億円以下の法人

・公益法人または協同組合

・人格のない社団

② 銀行・保険会社等

③ ファイナンス・リース取引によるリース債権等を有する法人

（注） 上記③の法人については，リース債権など一定の金銭債権についてのみ貸倒引当金の繰入れが認められます。

【3】 一括評価分の貸倒引当金

> 中小法人では，次のいずれかの算式で計算した金額のいずれか多い額が，貸倒引当金の繰入限度額とされます。
>
> ［算式１］一括評価金銭債権の期末残高×貸倒実績率
>
> ［算式２］差引一括評価金銭債権の期末残高×法定繰入率

貸倒れ実績に基づいて計算

税法では企業会計原則と違って，将来の貸倒れ見込みに基づく引当金の計上は認めません。課税の公平化の立場から，計算上，見積もりの要素は極力排除します。原則として，過去３年間の貸倒れ実績の割合で計算することになっています。

大法人（資本金１億円超）はその計算だけですが，中小法人（資本金１億円以下）の場合は，業種ごとに定める法定繰入率を使った計算も認められています。

なお，破産債権や更生債権などの不良債権については，通常の引当金とは別枠で「個別評価分の貸倒引当金」を設定することにより，実質上の貸倒れ処理が認められています（Ⅲ・５・⑵参照）。

＜中小法人における貸倒引当金の計算手順＞

（第１段階） **債権額の計算**

期末債権残高	×××	
加減算	±×××	
一括評価金銭債権額	×××	
実質的に債権とみられない額	−×××	← ①個別計算　②簡便計算
差引一括評価金銭債権額	×××	

（第２段階） **繰入限度額の計算**

差引一括評価金銭債権額×法定繰入率＝繰入限度額

一括評価金銭債権額×貸倒実績率＝繰入限度額

（注） 貸倒実績率で計算するときは，実質的に債権とみられない額を控除しません（一括評価金銭債権額を対象に計算します）。

会計上の帳簿残高を調整して引当計算

貸倒引当金の繰入額は，期末の債権残高に繰入率をかけて計算します。その際，実務的にはまず，設定対象となる税務上の「金銭債権」がいくらあるかが問題です（第１段階の計算）。

売掛金や受取手形などの帳簿残高の数字をそのまま使うのではありません。税法の観点から所要の調整が必要です。また，同一の取引先に対して債権と債務があれば，いざとなれば相殺できます。そこで，債権金額のうち債務相当額については実質的に債権とみられないので，貸倒引当金の設定対象から除外します。

同一先に対する債権・債務の両建ては個別計算または簡便計算で調整

「実質的に債権とみられない額」の計算は，個々の取引先ごとに行うのが原則です。しかし，一定規模以上の会社では，取引先が多数あるため実務的に個々の計算が困難な場合があります。そこで簡便計算として，基準年度（平成27年４月１日から平成29年３月31日まで）の間の各期末に個別に計算した控除割合を使って，以後毎年の年度の計算を行うことが認められています。

繰入率は実績の貸倒れ割合を使用

期末の債権残高が決まれば，これに繰入率をかけて繰入限度額を計算します（第２段階の計算）。原則として過去３年間の貸倒実績率で計算しますが，中小法人（資本金１億円以下）は，業種ごとに定める法定繰入率を使うこともできます（詳細は後述）。

【4】 金銭債権の範囲

売掛金，受取手形，未収金，貸付金などは金銭債権ですが，保証金や前渡金は除きます。また，同一取引先に対する債務相当額は，実質的に債権とみられないので債権金額から除外します。

売掛金，受取手形，貸付金などが設定対象

貸倒引当金の設定対象となるのは，次のような債権です。

① 売掛金，貸付金

② 受取手形，先日付小切手（売掛金，貸付金等の債権について取得したもの）

③ 未収金（譲渡代金，加工料，請負金，手数料，保管料，地代家賃，貸付金利子，損害賠償金などで益金に算入されたもの）

④ 立替金（労働保険料の被保険者負担金など他人のために立替払いしたもの）

保証金，前渡金などは設定対象外

一方，次のような債権は，設定対象から除きます。

① 預貯金，預貯金や公社債の未収利子，未収配当金

② 保証金，敷金，預け金

③ 手付金，前渡金（資産の取得または費用の支払いのために支出した金額）

④ 仕入割戻し（リベート）の未収金

(注) 仕入割戻しは仕入高の修正なので，その未収金は買掛金と相殺します。

⑤ 前払給料，概算払旅費，前渡交際費のように将来精算される費用の前払金

割引手形や裏書譲渡手形も設定対象

売掛金，貸付金などの債権について取得した受取手形を裏書譲渡または割引した場合には，その金額を貸借対照表の脚注で確認できることを条件に，これを貸倒引当金の設定対象に加えることができます。

裏書譲渡や割引をすると，手形債権が消滅するので貸倒引当金は設定できないという理屈もあります。しかし，現実に手形が落ちるまでは，依然として偶発債務（将来債務となるかもしれないもの）としての手形裏書義務が残ります。そして，もし手形が不渡りになれば裏書義務者として手形代金を立替払いしなければならず，その場合には，主たる債務者（手形の振出人）に対する求償権が生じます。そこで，この求償権に対する貸倒引当金の設定を，税法では認めているわけです。

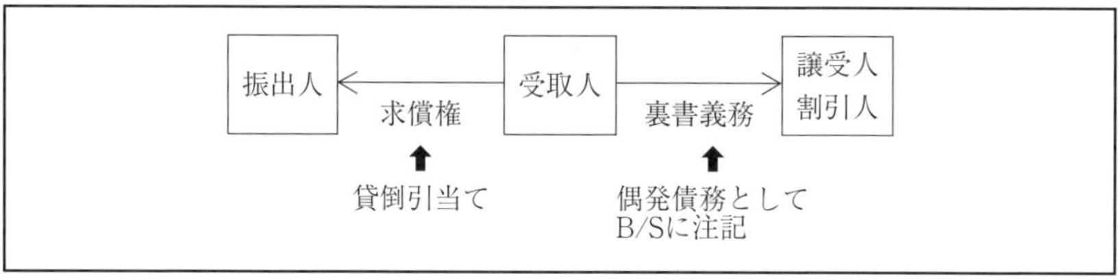

実質的に債権とみられないものは除外

売掛金や貸付金など税務上の債権に該当するものでも，その金額がそのまま貸倒引当金の設定対象になるとはかぎりません。同一の取引先に対して債権と債務を両建てで有していれば，もしその取引先が倒産したときは債務を相殺することが可能です。

そこで，そういった債権については，貸倒れの準備をする必要がありません。「実質的に債権とみられないもの」として，貸倒引当金の設定対象から除外します。

たとえば，得意先に対して100万円の売掛金を有し，同社から80万円の営業保証金を預かっているとすれば，債権の金額から80万円を控除しなければなりません。なお，もし営業保証金の金額が100万円を超えていれば，控除する金額は100万円（債権金額で頭打ち）です。

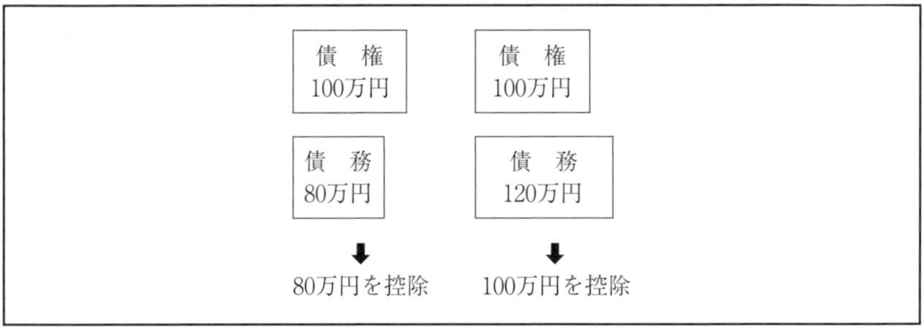

実質的に債権とみられない金額の簡便計算

実質的に債権とみられない金額の計算は，本来，個々の取引先ごとに行うべきです。ただし，事務処理の煩雑さを考えて，次の算式による簡便計算が認められています。

＜**算式**＞

$$\begin{matrix}\text{期末一般売掛}\\\text{債権等の残高}\end{matrix}\times\frac{\begin{matrix}\text{分母と同一期間の期末における実質}\\\text{的に債権とみられないものの合計額}\end{matrix}}{\begin{matrix}\text{平成27年4月1日から同29年3}\\\text{月31日までの間に開始した期間}\\\text{の期末における債権の合計額}\end{matrix}}=\begin{matrix}\text{実質的に債権と}\\\text{みられない金額}\end{matrix}$$

なお，この簡便計算は，平成27年４月１日時点で現存した会社にのみ適用されます。

個別計算と簡便計算の選択適用も可能

この簡便計算は，平成27年４月１日以降の２年間について原則どおりに個別計算を行い，以後の年度はすべてこの計算結果による控除割合を適用できるという扱いです。

個別計算と簡便計算について，税法上とくに継続適用を要求されていません。そこで実務上，個別計算が不可能な会社は簡便計算によらざるを得ませんが，小規模の企業など常に個別計算が可能な会社では，毎期いずれかの方法を選択適用することも可能です。

【5】 繰入限度額の計算

一括評価分の貸倒引当金は，原則として過去３年間の貸倒実績率で計算しますが，業種ごとに法定化した繰入率を使う計算も認められています。両者は事業年度ごとに選択でき，継続適用は要求されていません。

貸倒実績率で計算

貸倒引当金の繰入限度額の計算は，期末の貸金残高に一定の繰入率をかけて行います。繰入率は，その会社で過去３年間に実際に発生した貸倒損失の金額に基づき，次の算式で計算した実績率とすることになっています。

＜**算式**＞

$$\frac{\text{分母の各年度における貸倒損失の合計額} \times \dfrac{12}{\text{各年度の月数の合計}}}{\text{当期首前３年以内に開始した各年度の期末における債権の帳簿価額の合計額} \times \dfrac{1}{\text{各年度の数}}} = \text{実績率}$$

上記の算式は１年決算の会社なら，要するに $\left(\dfrac{\text{過去３年間の年平均貸倒損失額}}{\text{過去３年間の期末債権平均残高}}\right)$ と計算すればいいのですが，１年決算でない会社（決算期変更で変則的な決算月数の場合など）では，この算式にあてはめて正確に計算しなければなりません。

業種ごとに法定化した繰入率もある

なお，中小法人（資本金1億円以下）は，繰入率として業種ごとに定められた法定の繰入率と実際の貸倒れ割合の2つが与えられ，いずれかを選択適用することができます（継続適用は要求されません）。

法定繰入率は，次のとおりです。

① 卸売業・小売業…… $\frac{10}{1,000}$

② 割賦販売小売業・割賦購入斡旋業…… $\frac{13}{1,000}$

③ 製造業…… $\frac{8}{1,000}$

④ 金融業・保険業…… $\frac{3}{1,000}$

⑤ その他（サービス業・不動産業 etc.）…… $\frac{6}{1,000}$

［設　例］

化学品を製造している資本金2,000万円の会社（1年決算）で，次の資料により計算した貸倒引当金の繰入限度額は，いくらですか。

① **期末金銭債権の帳簿価額**

受取手形	2,800,000円
売掛金	71,600,000円
貸付金	4,500,000円
未収金	8,200,000円
合計	87,100,000円

（注1） 売掛金のうち2,000,000円については，個別評価分の貸倒引当金を1,000,000円設定しています。

（注2） 得意先のX社に対する債権として，受取手形1,800,000円と売掛金3,700,000円が計上され，一方，同社に対する買掛金4,300,000円が帳簿に計上されています。同社以外には，債権と債務の双方のある取引先はありません。

（注3） 貸付金のうち1,000,000円は，原料購入のための手付金です。

（注4） 未収金は，設備売却の未収代金です。

（注5） 過年度に貸倒損失に計上して消却した売掛金700,000円につき，その後の税務調査で貸倒損失を否認されています。

② 平成27年4月1日から平成29年3月31日までの間に開始した各年度の期末における，金銭債権の合計額と実質的に債権とみられない金額の合計額は，次のとおりです。

金銭債権の合計額　101,750,000円

実質的に債権とみられない金額の合計額　5,360,000円

③ 当期前3年以内の各期末における金銭債権の合計額と，各年度の貸倒損失の合計額は，次のとおりです。

金銭債権の合計額　235,900,000円

貸倒損失の合計額　　1,200,000円

［計　算］

(a) **一括評価金銭債権額の計算**

87,100,000円－2,000,000円－1,000,000円＋700,000円＝84,800,000円

(b) **差引一括評価金銭債権額の計算**

ⓐ **原則法**

84,800,000円－4,300,000円＝80,500,000円

（注） 実質的に債権とみられない金額は，科目ごとに計算するのではなく，取引先ごと合計の債権・債務金額によります。X社に対する債権の合計は5,500,000円，債務の合計が4,300,000円ですから，ここでは4,300,000円を控除しています。

ⓑ **簡便法**

5, 360, 000円÷101, 750, 000円＝0. 052（小数点以下３位未満切捨て）

→債権からの控除割合

84, 800, 000円×（１－0. 052）＝80, 390, 400円

原則法が有利なので，差引金銭債権の額は80, 500, 000円

(c) **繰入率の計算**

ⓐ **法定繰入率**：製造業なので0. 008

ⓑ **貸倒実績率**：

$$\frac{1,200,000円\times\frac{12}{36}}{235,900,000円\div 3}=0.0051$$（小数点以下４位未満切上げ）

(d) **繰入限度額の計算**

ⓐ **法定繰入率による場合**

80, 500, 000円×0. 008＝644, 000円

ⓑ **貸倒実績率による場合**

84, 800, 000円×0. 0051＝432, 480円

ⓐが有利なので，繰入限度額は644, 000円

2 退職給付引当金

退職一時金や退職年金のように，従業員が退職した後に受ける給付を「退職給付」といい，これは“給与の後払い”としての性格を有しています。発生主義会計では，給料や賞与として当期に計上する金額は，当期の収益に対応させねばなりません。後払いの給与である退職給付も同様に，支出時の費用とするのではなく，従業員による労力を提供するのに応じて費用計上することとなります。

退職給付会計では，退職者に直接給付する一時金だけでなく，企業年金の掛金についても費用発生時に引当計上することとされ，次のように処理します。

期末時：

（借）退職給付費用　×××　（貸）退職給付引当金　×××

拠出時：

（借）退職給付引当金　×××　（貸）現金預金　×××

以上に対し税務では，かつては退職給与引当金の損金算入制度が設けられていましたが，平成14年度の改正で廃止され，現在は，将来の退職給付の支払いに備えて費用処理で退職給付債務を引き当てたときは，全額が損金不算入となります。

退職一時金は，退職者に現実に支給し引当金を取り崩した時点で損金に算入されますが，企業年金の掛金は，保険会社など外部に拠出した時点で損金となります。

Ⅸ 圧縮記帳

1 あらまし

土地や建物を買い換えたときなどに，一定の条件をみたせば売却益に課税しない扱いがあります。ただし，これは課税の免除ではなく繰延べ措置です。

税務固有の取扱い

たとえば，帳簿価額が1,000万円の土地を5,000万円で売却し，その売却代金で新たな土地を購入すれば，次のように処理します。

売却時：

（借）	現金預金	5,000万円	（貸）	土地	1,000万円
				土地売却益	4,000万円

購入時：

（借）	土地	5,000万円	（貸）	現金預金	5,000万円

その結果，損益計算書には収益が4,000万円計上され，会計上の処理はこれで終了です。ところが，税法ではさらに，次の仕訳が認められます。

（借）	土地圧縮損	4,000万円	（貸）	土地	4,000万円

この処理のことを「圧縮記帳」といい，これは税務固有の考え方に基づく取扱いです。

200

課税の免除ではなく課税の繰延べ

税務上,「圧縮損」は損金に算入されます。そこで,「売却益」が益金に算入されても益金と損金が両建て計上で相殺されます。この処理によって課税関係が消滅するので,これは税務上の大きな恩典となっています。

ただし,この取扱いは“課税の免除”ではない,という点に注意を払う必要があります。上記のように圧縮記帳をした後,たとえばその土地を8,000万円で再売却すれば,次のように処理されます。

再売却時:

(借)	現金預金	8,000万円	(貸)	土地	1,000万円
				土地売却益	7,000万円

購入　1,000万円
売却　5,000万円 } 売却益　4,000万円 }
買換え　5,000万円
再売却　8,000万円 } 売却益　3,000万円 } 通算売却益　7,000万円

通常なら売却益は3,000万円(8,000万円－5,000万円)です。ところが,土地の取得価額を5,000万円から1,000万円に圧縮したがため,過去に圧縮損で打ち消した売却益4,000万円が再売却の時点で再現してしまいます。つまり,圧縮記帳は課税を免除するものではなく,課税を延期(猶予)するための措置だということです。

なお再売却後に,売却代金の8,000万円を再び新たな土地の購入に充てたときは,条件がそろえばその時点でもう一度圧縮記帳することは可能です。

圧縮記帳は剰余金処分で行うのが妥当

圧縮記帳で計上される「圧縮損」は，損金に算入されます。しかし，会計上これに費用性は認められません。また，土地などの取得価額が圧縮されることについても，会計上の理屈は立ちません。そこで会計では，特別償却などの場合と同様に圧縮記帳を損益計算から切り離して（損益計算書に費用として計上せず），次のような仕訳によって剰余金の処分で積立金を設定することにより行うのが妥当と考えられています。

（借）繰越利益剰余金　×××　（貸）圧縮記帳積立金　×××

この処理をしたときは，申告書の別表4において申告調整で減算します。現実には，中小企業などでは費用処理で圧縮記帳を行うケースも多く，その場合には，圧縮損は損益計算書の「特別損失」の区分に計上するのが妥当です。

圧縮記帳の制度は税法で限定列挙

税法で認められている圧縮記帳の制度には，次のようなものがあります。

① 国庫補助金で取得した固定資産の圧縮記帳
② 工事負担金で取得した固定資産の圧縮記帳
③ 保険金で取得した固定資産の圧縮記帳
④ 交換で取得した資産の圧縮記帳
⑤ 収用に伴い取得した代替資産の圧縮記帳
⑥ 特定の資産の買換えによる圧縮記帳 etc.

2 交換で取得した資産の圧縮記帳

税法では，原則として交換も売却扱いします。ただし，一定の条件をみたせば，売却益に対する課税が見合わせられます。

一定の条件をみたす交換には課税しない

会計理論では，交換取引から損益は発生しません。ところが税法は，交換を，保有資産を時価で売却しその代金で相手方から資産を購入する取引とみます。つまり，売却と購入の２つをミックスした取引が交換ですから，ここで売却に対する課税問題が生じます。

ところが，そうはいってもこの場合，現実には現金収入がないので担税力が伴いません。つまり，それでは税金が払えません。また，同じ種類の資産を継続して保有しているとみる方が実情にあっているとも考えられます。そこで税法は，一定の条件をみたす交換について圧縮記帳の処理を認め，売却益に対する課税を見合わせることにしています。

1年以上所有していた固定資産

税法で圧縮記帳が認められるためには，次のすべての条件をみたす交換でなければなりません。

① 譲渡資産は１年以上所有していた固定資産であること
② 取得資産は相手方が１年以上所有していた固定資産で，交換のために取得したと認められるものでないこと
③ 同一種類の資産の交換であること
④ 取得資産を譲渡資産の譲渡直前の用途と同一の用途に供すること
⑤ 取得資産と譲渡資産の時価の差が20％を超えないこと

同一種類，同一用途の資産であること

圧縮記帳の適用対象となる固定資産の「種類」とは，次の分類をいいます。

① 土地（借地権を含む）

② 建物（附属設備および構築物を含む）

③ 機械装置

たとえば，建物どうしの交換でさえあれば，木造と金属造のものを交換した場合でも，同一種類の資産の交換とされます。また，土地と借地権の交換，建物と附属設備または構築物との交換も，それぞれ同じ種類の資産の交換です。

「用途」が同一かどうかは，資産の種類により次の区分で判定します。

① **土地**……宅地，田畑，鉱泉地，池沼，山林，牧場または原野，その他

② **建物**……居住用，店舗または事務所用，工場用，倉庫用，その他

③ **機械装置**……耐用年数表上の「設備の種類」の区分

取得資産の時価と譲渡資産の簿価の差額が圧縮限度額

交換による圧縮記帳の圧縮限度額は，「交換差金」があるかないかで区別しそれぞれ次の算式で計算します。

＜算式＞

① **交換差金がない場合**

$$\text{取得資産の時価} - (\text{譲渡資産の帳簿価額} + \text{譲渡経費}) = \text{圧縮限度額}$$

② **交換差金を取得した場合**

$$\text{取得資産の時価} - \left(\text{譲渡資産の帳簿価額} + \text{譲渡経費}\right) \times \frac{\text{取得資産の時価}}{\text{取得資産の時価} + \text{交換差金}} = \text{圧縮限度額}$$

③ **交換差金を支出した場合**

$$\text{取得資産の時価} - \left(\text{譲渡資産の帳簿価額} + \text{譲渡経費} + \text{交換差金}\right) = \text{圧縮限度額}$$

交換差金部分を除いて圧縮限度額を計算

交換による圧縮記帳の制度は，譲渡資産の帳簿価額を引き継いで課税を繰り延べることを目的に設けられています。そこで，交換差金を受け取れば，譲渡資産の帳簿価額のうち交換部分に対応する金額を計算し，これを取得資産の時価から控除することにしています。

交換差金を支払えば，これは新しい資産を取得するための対価で，その取得資産の価額を構成します。取得資産の時価からその交換差金を控除して，交換部分についてのみ交換差益の金額を計算し，これを圧縮限度額としているのが上記の計算式です。

(注) 上記③の算式は，次のように書き直すことができます。
(取得資産の時価－交換差金)－(譲渡資産の帳簿価額＋譲渡経費)＝圧縮限度額

[設　例]

S社とT社は，次のように資産を交換しました。この交換は，圧縮記帳の条件をすべてみたしています。

① **S社が所有していた資産**
土地（宅地）：帳簿価額1,200万円，時価5,000万円

② **T社が所有していた資産**
土地（宅地）：帳簿価額400万円，時価4,500万円

この交換で，S社はT社から交換差金として500万円を受け取りました。S社とT社は，それぞれどのように圧縮記帳の処理をすればいいですか。

[計　算]

交換差金の割合：500万円÷5,000万円＝10%
20%以内なので，交換の圧縮記帳の適用が認められます。

S社の圧縮限度額：$4{,}500\text{万円}-1{,}200\text{万円}\times\frac{4{,}500\text{万円}}{4{,}500\text{万円}+500\text{万円}}=3{,}420\text{万円}$

T社の圧縮限度額：5,000万円－(400万円＋500万円)＝4,100万円

[仕　訳]

S社：	(借)	土　　　地	4,500万円	(貸)	土　　　地	1,200万円
		現 金 預 金	500万円		交 換 差 益	3,800万円
	(借)	土地圧縮損	3,420万円	(貸)	土　　　地	3,420万円

(注) S社は，従来所有していた土地のうち$\frac{9}{10}\left(\frac{4{,}500\text{万円}}{4{,}500\text{万円}+500\text{万円}}\right)$の部分を交換し，残りの$\frac{1}{10}$部分を譲渡したものと考えます。そこで，上記の経理処理を行うことで，結果的に譲渡部分の譲渡益380万円（500万円－1,200万円×

$\frac{1}{10}$）が益金に算入されます。また，旧帳簿価額のうち交換部分相当額1,080万円（1,200万円×$\frac{9}{10}$）が，取得資産の帳簿価額として引き継がれます。

T社：	（借）	土　　　地	5,000万円	（貸）	土　　　地	400万円
					現金預金	500万円
					交換差益	4,100万円
	（借）	土地圧縮損	4,100万円	（貸）	土　　　地	4,100万円

（注） T社が新しく取得した土地のうち，4,500万円相当部分は従来から所有していた土地との交換によるものですから，その帳簿価額400万円が引き継がれます。また，500万円部分は新規に対価を支払って購入したものと考えて，取得土地の帳簿価額は合計900万円です。

交換の圧縮記帳は，「直接減額方式」でなければなりません。他の圧縮記帳のように積立金方式による処理は認められません。また，上記の仕訳のように「交換差益」と「圧縮損」を両建てで計上するのが原則ですが，次のように両建て経理を省略してもかまいません。

S社：	（借）	土　　　地	1,080万円	（貸）	土　　　地	1,200万円
		現金預金	500万円		交換差益	380万円
T社：	（借）	土　　　地	900万円	（貸）	土　　　地	400万円
					現金預金	500万円

3 特定資産の買換えによる圧縮記帳

工場移転などで土地や建物を売却し他の場所で買い換える場合，条件をみたせば圧縮記帳の適用を認め，売却益に対する課税が見合わせられます。

譲渡資産と買換資産の組合せ次第で圧縮記帳

この圧縮記帳制度で問題になるのは，譲渡資産と買換資産の組合せです。4通りの組合せについて圧縮記帳が認められていますが，たいていは特殊なケースで，実務で適用例が多いのは次の組合せです。

譲渡資産	買換資産
所有期間が10年を超える土地，建物，構築物	土地（事務所等の敷地で300m^2以上のものに限る），建物，構築物

上記以外は，航空機騒音障害区域の内から外，人口集中地区の内から外といったケースです。なお，これらの圧縮記帳は，令和8年3月31日までの間の譲渡に適用されます。

差益割合に基づいて圧縮限度額を計算

特定資産の買換えによる圧縮記帳の圧縮限度額は，次の算式で計算した金額です。

＜**算式**＞

$$\frac{\text{譲渡対価}-(\text{譲渡資産の帳簿価額}+\text{譲渡経費})}{\text{譲渡対価}}=\text{差益割合}$$

$$\text{買換資産の圧縮基礎取得価額}\times\text{差益割合}\times\frac{80}{100}=\text{圧縮限度額}$$

(注１)「圧縮基礎取得価額」とは，買換資産の取得価額と譲渡資産の譲渡価額のいずれか少ない金額をいいます。

(注２) 東京23区からそれ以外の地域への本店移転に伴う買換えは，圧縮限度額の割合が80％ではなく90％（その逆の移転は60％）とされています。

[設　例]

W社は，大阪市北区から兵庫県○○郡へ工場を移転しました。工場敷地の売却および買換えの概要は，次のとおりです。圧縮限度額は，いくらですか（W社の決算日は３月31日）。

① 旧工場敷地　1,000m²

取得年月日　昭和57年９月６日	所在地　大阪市北区
譲渡年月日　令和６年10月15日	譲渡価額　２億円
譲渡経費　500万円	帳簿価額　4,500万円

② 新工場敷地　4,000m²

取得年月日　令和６年12月10日	所在地　兵庫県○○郡
取得価額　２億2,000万円	

[計　算]

圧縮基礎取得価額：買換資産の取得価額　２億2,000万円
　　　　　　　　　譲渡資産の譲渡価額　２億円

いずれか少ない金額　２億円

$$\text{差益割合：}\frac{\overset{\text{譲渡価額}}{2\text{億円}}-(\overset{\text{帳簿価額}}{4,500\text{万円}}+\overset{\text{譲渡経費}}{500\text{万円}})}{2\text{億円}}=0.75$$

$$\text{圧縮限度額：}2\text{億円}\times0.75\times\frac{80}{100}=1\text{億}2,000\text{万円}$$

[仕　訳]

（借）	土地圧縮損	１億2,000万円	（貸）	土　　地	１億2,000万円

または

（借）	繰越利益剰余金	１億2,000万円	（貸）	圧縮記帳積立金	１億2,000万円

X 借地権課税

1 あらまし

税法では，土地の使用権（借地権）に財産価値を認め，権利金なしで土地の貸し借りを始めたときは，地主と借地人の双方に課税関係が生じる扱いになっています。

借地権者の土地使用権は借地法で保護

土地を借りて建物を建てると借主側にその土地の使用権が生まれ，この権利（借地権）は「借地法」で手厚く保護されています。現実に大都会やその周辺地で土地を借りるときは，多額の権利金を支払うのが慣行となっています。

長期間にわたって土地の利用を制限される地主の立場としては，第三者に土地を貸すときは，その見返りとして当然に権利金を要求します。ところが，親会社と子会社の間で貸し借りするときは権利金を授受しないこともあり，税務上その場合には，地主から借地人に権利金相当額の贈与があったものとして扱われます。

210

権利金の授受がなければ双方に認定課税

税法は，無償で借地権を設定した（土地を貸した）とき，次のような仕訳を要求します。

借地人側：
（借）借　地　権　×××　（貸）受　贈　益　×××

地 主 側：
（借）寄　附　金　×××　（貸）権利金収入　×××

借地人側に「受贈益」，地主側には「権利金収入」の認定課税が行われます。そこで，借地人側はもとより地主側においても，「寄附金の損金不算入」の取扱いを通じて課税関係が生じます。

地代の金額に基づき権利金を認定課税

権利金として認定する金額は，地代の金額に応じて次の算式で計算します。なお，権利金を受け取っている場合でも，本来受け取るべき金額を下回っていれば，その下回る金額について認定課税がなされます。

＜**算式**＞

$$\text{土地の更地価額}\times\left(1-\frac{\text{実際に受け取っている地代の年額}}{\text{相当の地代の年額}}\right)=\text{権利金の認定額}$$

(注１)「相当の地代」の年額は，更地価額のおおむね６％とされています。更地価額は実勢時価によるのが原則ですが，それに代えて公示価格または相続税評価額で計算することもできます。

(注２) 算式で計算した金額が本来受け取るべき権利金の額を超えるとき，認定課税はその権利金の額どまりです。

［設　例］

Ｉ社は，所有土地を店舗用地として年200万円の地代で子会社に賃貸し，権利金として6,000万円受け取りました。権利金収入の認定課税を受けますか。

土地の更地価額（実勢時価）　３億円　　　土地の相続税評価額　２億5,000万円

通常の借地権割合　70％

［計　算］

認定課税を受ける権利金収入の金額は，次のとおりです。

$$3\text{億円}\times\left(1-\frac{200\text{万円}}{2\text{億}5{,}000\text{万円}\times6\%}\right)=2\text{億}6{,}000\text{万円}\cdots\cdots\cdots①$$

３億円×70％＝２億1,000万円（本来受け取るべき権利金）………②

①または②のいずれか少ない金額　２億1,000万円

受け取るべき金額　実際の受取額

２億1,000万円－6,000万円＝１億5,000万円（権利金の認定額）

2 相当の地代

権利金の授受がなくても，相当の地代（土地評価額の６％）を授受すれば権利金の認定課税はしないことになっています。

年６％の地代を授受すれば認定課税はない

権利金を受け取らずに土地を貸した場合でも，土地の更地価額のおおむね年６％相当額の地代（「相当の地代」）を受け取っていればOK。その取引は，正常な取引条件でなされたものとして権利金の認定課税はされません。

本来受け取るべき金額にみたない権利金しか入金していないときや，無利息の保証金のような特別の経済的利益を受けているときは，更地価額からこれらを控除した金額に対して相当の地代を計算します。

一般に土地の更地価額は，相続税評価額と理解されています。そして，相当の地代は，次の算式で計算します。

<算式>

$$\left(\text{土地の相続税評価額} - \text{受取り権利金・経済的利益} \times \frac{\text{相続税評価額}}{\text{通常の取引価額}}\right) \times 6\% = \text{相当の地代}$$

[設　例]

K社は，親会社から土地を借りて店舗を建設します。権利金の支払いは3,000万円にとどめ，あとは相当の地代によることを予定しています。支払うべき年間地代の金額は，いくらですか。

土地の更地価額（実勢時価）　２億円　　　土地の公示価格　２億円

土地の相続税評価額　１億6,000万円　　　通常の借地権割合　70％

[計　算]

権利金の認定課税を避けるためには，年間の地代支払額を次の金額にしなければなりません。

$$\left(\text{1億6,000万円} - \text{3,000万円} \times \frac{\text{1億6,000万円}}{\text{2億円}}\right) \times 6\% = \text{816万円}$$

3 無償返還の届出

権利金および相当の地代の授受がないときでも，税務署に無償返還届出書を提出すれば権利金の認定課税はされません。ただしこの場合，相当の地代の認定課税がなされます。

無償返還届出書を提出すれば権利金の認定課税はなし

権利金を受け取らずに借地権を設定し，しかも地代の金額が相当の地代にみたないときでも，次の２つの条件をみたせば権利金の認定課税はされません。

① 土地の賃貸借契約書で将来借地を無償で返還することが定められていること

② 無償で返還する旨を地主と借地人の連名の書面（「土地の無償返還に関する届出書」）で税務署に届け出ること

この取扱いは，借地契約の当事者間でその土地には借地権を発生させない，したがって権利金や立退料を授受しないことで合意している場合に，課税サイドでもそのことを追認しようとするものです。

ただし相当の地代の認定課税が行われる

無償返還の届出をすれば，権利金の認定課税は避けられます。ただし，以後の期間に毎年「相当の地代」の認定課税が行われます。つまり，相当の地代と実際に受け取っている地代の差額を，借地人に対して贈与したものとされます。

地 主 側：
（借）寄　附　金　×××　（貸）地　代　収　入　×××
借地人側：
（借）支　払　地　代　×××　（貸）受　贈　益　×××

この取扱いで，借地人側は支払地代（損金）と受贈益（益金）が相殺され，結果的に税金はかかりません。地主側には，「寄附金の損金不算入」の扱いを通じて課税関係が生じます。

底地の相続税評価額は自用地の80%相当額

個人が会社に土地を貸している場合，無償返還の届出書を提出していれば，その土地の相続税評価額は自用地としての評価額の80%相当額です。

無償返還の届出をせず「相当の地代方式」で土地を貸し借りしたときも，貸し借りの開始時点でその土地の相続税評価額は，自用地としての評価額の80%相当額とされます。

結局のところ，両方式の違いは，無償返還届出方式をとれば，たとえ地代を全く受け取らなくても権利金の認定課税は一切行われず，一方，相当の地代方式の場合は，年6%の地代を受け取らないと認定課税される点にあります。

XI 欠損金の繰越しと繰戻し

1 欠損金の繰越し

会計上，損失が発生すればそれはその年度限りの話ですが，税法ではその損失を翌期以降に繰り越して損金算入することができます。

青色申告で生じた欠損金は10年間繰り越せる

前期以前10年間（正確にいえば，当期の開始の日前10年以内に開始した各年度）に生じた欠損金は，当期の所得計算で損金に算入されます。いいかえれば，当期に生じた欠損金は，翌期以降10年間の毎年の所得金額から控除できます。

繰越欠損金を翌期以降に損金算入するためには，欠損金の生じた年度が青色申告で，かつ，その後も**連続して**確定申告（白色でも可）していることが必要です。その間に無申告の年度があれば，この取扱いは適用されません。

大法人は控除額が制限される

繰越控除限度額は，原則として繰越控除前の所得金額の50％相当額とされています。

なお，中小法人，公益法人，協同組合および人格のない社団にはそのような制限はなく，全額を控除することができます。

繰越欠損金は古い年度分から順次控除

繰越欠損金の控除は，各期間に重複して認められるものではなく，次の金額を控除した金額が繰越控除の対象額です。

① すでに損金に算入された欠損金額

② 欠損金の繰戻し還付を受けるべき金額の計算の基礎とされた欠損金額

繰越欠損金が複数の年度で生じているときは，古い年度に生じた欠損金額から順次損金算入します。

会社が資本剰余金や利益剰余金で各年度に生じた欠損金を補塡し，繰越欠損金として貸借対照表に表示していないときも，その補塡された欠損金が上記の要件をみたすものなら，所得金額の計算上損金に算入されます。

災害損失は白色申告でも繰り越せる

上記の欠損金繰越し控除制度のほかに，特殊なケースとして，税法では次のような制度も設けられています。

① 白色申告した期間の災害による損失金の繰越し

震災，風水害，火災などで棚卸資産や固定資産に損失が生じたときは，担税力を考慮して青色申告していない場合でも，その損失を５年間繰り越すことができます。

② 会社更生等による債務免除があった場合の欠損金の損金算入

会社更生法や民事再生法の規定による更生または再生手続の開始決定があった場合で次のような事実が生じたときは，その事業年度以前に生じた欠損金額のうち，それらに該当する金額を損金に算入することができます。

・債権者から債務免除を受けたとき……債務免除益

・役員等から贈与を受けたとき……私財提供益

・資産の評価替えをしたとき……評価益

［設　例］

Ｎ社（資本金３億円の青色申告法人）の各年度の所得（欠損）金額は，次のとおりです。繰越欠損金のうち当期（令和７年３月期）に損金算入される金額と翌期に繰り越される金額はいくらですか。

事業年度	所得(欠損)金額
令６.４.１～令７.３.31	1,700万円
令５.４.１～令６.３.31	▲270万円
令４.４.１～令５.３.31	▲520万円
令３.４.１～令４.３.31	▲1,120万円

［計　算］

当期に損金算入される繰越欠損金：

4/3期分　5/3期分　6/3期分

1,120万円＋520万円＋270万円＝1,910万円………①

1,700万円×50％＝850万円………②

①＞②なので，当期の控除額は850万円

翌期に繰り越される欠損金：1,910万円－850万円＝1,060万円

2 欠損金の繰戻し

当期に発生した損失を前期に繰り戻して前期に納めた法人税の還付を受けることができます。ただし残念ながら，この制度は大法人には現在停止中です。

欠損金を前期に繰り戻して法人税の還付を受けることもできる

青色申告の会社で生じた欠損金は，前期（正確にいえば，欠損金が生じた期間（欠損年度）の開始の日前１年以内に開始したいずれかの期間（還付年度））に繰り戻して，過去に納めた法人税の還付を受けることができます。

還付金額は，次の算式で計算します。

＜算式＞

$$\text{還付年度の法人税額} \times \frac{\text{欠損年度の欠損金額}}{\text{還付年度の所得金額}} = \text{還付金額}$$

［設　例］

次の場合に，欠損金の繰戻し還付の適用を受けるとすれば，還付される法人税額は，いくらですか。

① 欠損年度の欠損金額　100万円

② 還付年度（前期）の所得金額　500万円，法人税額　150万円

［計　算］

$$\text{還付金額：150万円} \times \frac{\text{100万円}}{\text{500万円}} = \text{30万円}$$

（注１） 本設例では，欠損金額が500万円以上あれば，前期に納付した法人税額150万円が全額還付されます。

（注２） 地方税には，欠損金の繰戻し還付制度はありません。したがって，法人税の繰戻し還付を受けた場合には，法人税と事業税の計算で所得金額が食い違います。また，住民税の法人税割額を計算するときは，還付法人税額を控除した金額に税率をかけます。

大法人は繰戻し還付制度は停止中

欠損金の繰戻しによる還付請求をするためには，還付年度から欠損年度までの各年度に連続して青色申告していることが必要です。この場合，確定申告書に加えて「欠損金の繰戻しによる還付請求書」を税務署に提出しなければなりません。

なお，昨今の厳しい国家財政事情や税収動向を考慮して，普通法人である大法人（資本金1億円超）については，会社を解散した場合などを除き，この欠損金の繰戻し還付制度は適用されません。

XII 法人税額の計算

1 基本税率

株式会社や有限会社の法人税の基本税率は23.2%。資本金1億円以下の会社（中小法人）の年800万円以下の所得には，15%の軽減税率が適用されます。

普通法人の基本税率は23.2%

法人税の税率は，法人の種類と所得金額の区分に応じて，次のとおりです。

法人の種類		所得金額		税率
普通法人	大法人			23.2%
	中小法人	年800万円以下の金額		15%
		年800万円超の金額		23.2%
公共法人				非課税
公益法人		原則		非課税
		収益事業による所得		15%～23.2%
人格のない社団		原則		非課税
		収益事業	年800万円以下	15%
			年800万円超	23.2%
協同組合		年800万円以下の金額		15%
		年800万円超の金額		19%

（注1） 中小法人とは，資本金または出資金が1億円以下の会社をいいます。

（注２） 会計期間が１年未満の場合，「年800万円」は「年800万円×$\frac{\text{当期の月数}}{12}$」として計算します。

収益事業は限定列挙

公益法人や人格のない社団は，収益事業から生じた所得のみ法人税がかかります。「収益事業」とは次に掲げる34事業で，継続して事業場を設けて営むものをいいます。

① 物品販売業　② 不動産販売業　③ 金銭貸付業
④ 物品貸付業　⑤ 不動産貸付業　⑥ 製造業
⑦ 通信業　⑧ 運送業　⑨ 倉庫業
⑩ 請負業　⑪ 印刷業　⑫ 出版業
⑬ 写真業　⑭ 席貸業　⑮ 旅館業
⑯ 料理店業その他の飲食店業　⑰ 周旋業
⑱ 代理業　⑲ 仲立業　⑳ 問屋業
㉑ 鉱業　㉒ 土石採取業　㉓ 浴場業
㉔ 理容業　㉕ 美容業　㉖ 興行業
㉗ 遊技所業　㉘ 遊覧所業　㉙ 医療保健業
㉚ 洋裁，和裁，着物着付け，編物，手芸，料理，理容，美容，茶道，生花，演劇，演芸，舞踊，舞踏，音楽，絵画，書道，写真，工芸，デザイン，小型船舶操縦，自動車操縦の教授または予備校もしくは公開模擬学力試験を行う事業
㉛ 駐車場業　㉜ 信用保証業
㉝ 工業所有権および著作権の譲渡または提供を行う事業
㉞ 労働者派遣業

2 地方法人税

平成26年度の改正により，平成26年10月１日以後に開始する事業年度から，法人税額を課税標準として4.4％の税率で，国税として地方法人税が課されることになりました。その後，令和元年10月１日以後に開始する事業年度から，地方法人税の税率が10.3％に引き上げられました。この税収は全額が，各地方自治体に配分する地方交付税の原資とされます。

なお，申告手続きは，法人税と合わせて法人税申告書により行い，納税も税務署に対して行います。

3 特定同族会社の留保金課税

同族会社で一定額以上の所得を上げそれを内部留保したときは，法人税が追加課税されます。

同族会社に対する追加課税制度

株主の上位3グループで50%超の株式を保有している会社を「同族会社」といいます。現実には，中堅・中小企業のほとんどがこれにあたります。しかも上位3グループといわず，代表者の一族（あるいは代表者一家）だけで全株式を所有しているケースが一般的です。

この同族会社のうち一部の会社（1グループだけで50%超所有の会社（特定同族会社といいます））には，次のような追加課税（留保金課税）が生じます。なお，平成19年度の改正により，資本金1億円以下の会社は，留保金課税の適用対象から除外されました。

(注) 無議決権株式を発行している会社の場合，無議決権株式を除いて50%超の判定を行います。

一定額以上の留保金に特別課税

会社から配当を受けると個人には所得税がかかります。そこでこの課税を避けるため，同族会社では利益を配当に回さず会社に留保する傾向があります。ところが，これでは配当を受ける場合と比べ課税の公平が保てません。そのため会社に留保した一定額以上の所得に対して，通常の法人税のほかに，特別な法人税が課されることになっています。

この課税は，株式会社，有限会社，合名会社または合資会社にのみ適用されます。協同組合，医療法人，相互会社などは関係ありません。

留保金額から一定額を控除して課税

留保金課税の計算は，次の順序で行います。

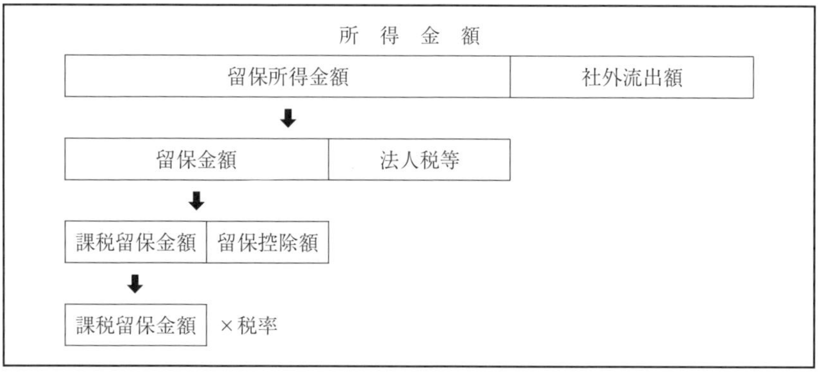

①　留保金額の計算

＜算式＞

留保所得金額－法人税，地方法人税及び住民税額＝留保金額

（注１）　「留保所得金額」とは，所得金額のうち社外流出分（配当，役員賞与など）以外の金額をいい，実務では別表４で計算します。

（注２）　「法人税額」は，源泉所得税その他の税額控除額を差し引いた金額です。

（注３）　「住民税額」は，住民税額の計算の基礎となる法人税額（源泉所得税控除前）の10.4％で計算します。

② 課税留保金額の計算

＜算式＞

留保金額－留保控除額＝課税留保金額

(注)「留保控除額」は，次の３つの基準で計算したうちの最も多い金額です。

(a) **所得基準額**：所得等の金額×$\dfrac{40}{100}$

(注)「所得等の金額」は，所得金額に社外流出分の減算項目（受取配当の益金不算入額など）を加えた金額で，実務では別表４で計算します。

(b) **定額基準額**：2,000万円×$\dfrac{\text{当期の月数}}{12}$

(c) **積立金基準額**：期末資本金額×$\dfrac{25}{100}$－期末利益積立金額

(注)「期末利益積立金額」とは，期首の利益積立金額に当期中の合併や減資による増減額を加減算した金額をいい，通常は**期首**の利益積立金額とイコールです。

③ 留保金課税額の計算

＜算式＞

課税留保金額×税率＝法人税額

(注) 留保金課税の税率は，次のように３段階で定められています。

課税留保金額（年額）	税率
3,000万円以下の金額	10%
3,000万円を超え１億円以下の金額	15%
１億円を超える金額	20%

［設例１］

Ｑ社は，資本金１億2,000万円で年１回３月末決算の特定同族会社です。当期中の所得計算等に関する資料は，次のとおりです。留保金に対して特別課税される法人税額は，いくらですか。

① 別表４の所得金額　4,600万円
　（留保所得金額　4,200万円　　社外流出金額　400万円）
② 別表４の加減算項目のうち
　受取配当の益金不算入額　40万円　　法人税額から控除される所得税額　20万円
③ 別表５(1)の期首現在利益積立金額　7,200万円
　当期中に合併や減資による増減はありません。

［検　討］

(a)　法人税及び住民税額の計算

法人税額：46,000,000円×23.2％＝10,672,000円

源泉所得税
10,672,000円－200,000円＝10,472,000円……①

地方法人税額：10,672,000円×10.3％＝1,099,216円……②

住民税額：10,672,000円×10.4％＝1,109,888円……③

①＋②＋③＝12,681,104円

(b)　留保金額の計算

留保所得金額
42,000,000円－12,681,104円＝29,318,896円

(c)　留保控除額の計算

所得金額　　受取配当の益金不算入額

所得基準額：(46,000,000円＋400,000円)×$\frac{40}{100}$＝18,560,000円……①

定額基準額：20,000,000円×$\frac{12}{12}$＝20,000,000円……②

積立金基準額：120,000,000円×$\frac{25}{100}$－72,000,000円＝０……③

①～③のうち最も多い金額　20,000,000円

(d)　課税留保金額の計算

留保控除額
29,318,896円－20,000,000円＝9,318,896円　⇨　9,318,000円
（千円未満切捨て）

(e)　留保金課税額の計算

9,318,000円×10％＝931,800円

4 所得税額控除

源泉所得税は損金算入の税金ですが，法人税と所得税の二重課税を避けるため，損金不算入扱い（申告調整で加算）した上で税額控除することもできます。

源泉所得税は法人税の前払い

預金利子や配当金から源泉徴収される所得税は，法人税の前払いとして法人税額から控除することができます。この税額控除の適用を受けるとき，その所得税額は損金に算入されないので，申告書の別表4で加算しなければなりません。

なお，令和4年度の改正で，令和5年10月1日以後に支払われる完全子法人（100%出資）と関連法人（1／3超出資）からの配当には，所得税を課さないこととされました。それに伴い支払時の源泉徴収は行われず，法人税額からの税額控除もなくなります。

源泉所得税に対する2通りの取扱い

所得金額の計算上，所得税はもともと損金算入の税金ですから，源泉所得税を税額控除しないなら全額が損金に算入されます（別表4で加算する必要なし）。つまり，源泉所得税について税務上2通りの取扱いがあるということですが，両者の節税効果を比較すれば，次のとおりです。

［設例１］

預金利子100万円を受け取る際に，所得税15万円が源泉徴収されました。当期中，この他には損益が何もなかったものとします。また，法人税の税率は23.2%です。

（借）現　金　預　金　85万円　　（貸）受　取　利　息　100万円
　　　租　税　公　課　15万円

税額控除を受ける場合と受けない場合で，納付税額はそれぞれいくらになりますか。

［計　算］

①　**税額控除を受けるとき**

当期純利益　所得税
所得金額の計算：850,000円＋150,000円＝1,000,000円
法人税額の計算：1,000,000円×23.2%＝232,000円
所得税額控除
232,000円－150,000円＝82,000円

②　**税額控除を受けないとき**

当期純利益
所得金額の計算：850,000円
法人税額の計算：850,000円×23.2%＝197,200円

配当金や分配金は元本の所有期間対応分のみ税額控除

法人税と所得税の二重課税を避けるため，源泉徴収された所得税は，原則として全額が法人税額から控除されます。ただし，次の収益に対するものは，元本を所有した期間に対応する部分の金額だけが，所得税額控除の対象とされます。

①　利益または利息の配当，剰余金の配当
②　証券投資信託の収益の分配
③　割引債の償還差益

個別法または銘柄別簡便法により計算

元本の所有期間対応分の計算には，次の２通りの方法があります。継続適用が条件とはされていないので，毎期いずれかを選択適用することができます。

① 個　別　法

１口または１株ごとに，次の算式で元本の所有期間対応分の金額を計算するやり方です。

＜算式＞

$$\text{所得税額} \times \frac{\text{分母のうち元本を所有していた期間の月数}}{\text{配当等の計算の基礎となった期間の月数}} = \text{控除を受ける所得税額}$$

（注） 月数に１か月未満の端数があれば，切り上げます。

② 銘柄別簡便法

配当等の元本を株式・出資と集団投資信託に区分し，さらに配当等の計算期間が１年以下のものと１年を超えるものとに区分して，それぞれ銘柄ごとに次の算式で計算するやり方です。

＜算式＞

$$\text{所得税額} \times \frac{\text{配当等の計算期間の期首時点で有していた元本の数}(B) + (A - B) \times \frac{1}{2}\left(\text{又は}\frac{1}{12}\right)}{\text{配当等の計算期間の期末時点で有していた元本の数}\ (A)} = \text{控除を受ける所得税額}$$

（注１） 分子を計算する際，配当等の計算期間が１年を超えるものには『$\frac{1}{12}$』を適用します。

（注２） この算式は，計算期間の期首に所有していた元本（B）は全期間を通じて所有，当期中に増加した元本（A－B）は計算期間の中間時点で取得したものとして，$\frac{1}{2}\left(\text{または}\frac{1}{12}\right)$相当額の控除を認めようとするものです。

なお，A（期末）＜B（期首）のときは，所有元本の割合は『１』とされます。つまりこの場合には，源泉徴収された所得税の全額が税額控除の対象となります。

[設例 2]

T社が当期（令和 6 年 4 月 1 日～令和 7 年 3 月31日）に支払った所得税（復興特別所得税を含む）に関する資料は，次のとおりです。法人税額から控除される所得税額は，いくらですか。

元本の種類	利子配当の計算期間	左の計算期間の期首の所有元本数	左の計算期間の期末の所有元本数	収入金額	所得税額
銀行預金	—	—	—	960,000円	147,024円
A社株式	6.1.1～6.12.31	80,000株	100,000株	600,000円	91,890円
B証券投資信託	6.4.1～6.9.30	20,000口	15,000口	300,000円	45,945円
合計				1,860,000円	284,859円

（注 1） 期末に所有しているA社株式のうち 2 万株は，令和 6 年10月 5 日に購入したものです。

（注 2） 期首に所有していたB証券投資信託の受益証券のうち5,000口を，令和 6 年 8 月20日に売却しています。

[検　討]

① **預金利子に対する所得税額**

預金利子については所有期間按分を要しないので，全額の147,024円が控除されます。

② **A社株式の配当に対する所得税額**

(a) **個別法**

$$91,890円 \times \frac{20,000株}{100,000株} \times \frac{3}{12} + 91,890円 \times \frac{80,000株}{100,000株} = 78,106円 \cdots\cdots ⓐ$$

(b) **銘柄別簡便法**

$$91,890円 \times \frac{80,000株 + (100,000株 - 80,000株) \times \frac{1}{2}}{100,000株}$$

$$= 91,890円 \times 0.900 = 82,701円 \cdots\cdots ⓑ$$

ⓐまたはⓑのいずれか多い金額　82,701円

③ **B証券投信の収益分配金に対する所得税額**

銘柄別簡便法で計算すれば，収益分配金の計算期間において「期首数量＞期末数量」のときは，期末に所有している元本15,000口はすべて期首に所有していたものとみなされます。そこで，その分配金に対する所得税額45,945円は，全額が控除対象です。

④ **控除所得税額**

147,024円＋82,701円＋45,945円＝275,670円

赤字会社は源泉所得税が還付

赤字会社などで源泉所得税がその年度の法人税額から控除しきれないとき，その控除しきれなかった金額は，その年度の確定申告で還付されます。

復興特別所得税も所得税と同じ取扱い

所得税と併せて源泉徴収される利子・配当に対する「復興特別所得税」（所得税額の2.1%）は，法人税の前払いとして，法人税額から控除ができます。また，控除しきれない金額は還付されます。

5 試験研究費の特別控除（研究開発税制）

支出した試験研究費の一定割合を法人税額から控除

試験研究を促進して民間企業の技術開発力を強化する目的で，支出した試験研究費のうち一定額を法人税額から控除する税制（研究開発税制）が設けられています。

税額控除額は，試験研究費の増減割合に応じて「当期支出額×○％」と計算します。具体的な計算は，大企業と中小企業で異なりますが，大企業では最高14％，最低１％の控除率が適用されます。さらに一定の条件を満たせば，控除率を10％上乗せする措置も設けられています。なお，実際に控除できるのは，法人税額の25％とされますが，要件を満たせば10％が上乗せされます。

中小企業では控除率が上乗せ

中小企業（資本金１億円以下）では，大企業よりも控除率を引き上げて，12％を原則としつつ，増加割合いかんでは最高17％の控除率が適用されます。また，大企業と同様，一定の条件を満たせば，控除率をさらに10％上乗せする措置も設けられています。なお，実際に控除できるのは，大企業と同様，法人税額の25％が原則で，10％の上乗せ措置も設けられています。

特別試験研究費には割増しの控除率が適用

また，企業のオープンイノベーション（外部の技術や知識を活用した技術革新）を促進するため，特別試験研究費（大学や公的研究機関等との共同・委託研究費）については，別途に20％～30％割増しの控除率が設けられています。この場合，一般試験研究費とは別枠で，税額控除限度額は法人税額の10％とされています。

6 給与支給額が増加した場合の特別控除

給与支給額の一定割合を法人税額から控除

令和6年4月1日から令和9年3月31日までの間に開始する各事業年度において，一定の要件を満たせば，給与支給額に基づき計算する一定額を法人税額から控除することができます。

この特例の内容は，大企業，中堅企業または中小企業ごとに異なっています。

継続雇用者に対する支給額増加に対する特例

大企業（資本金1億円超）と中堅企業（従業員2,000人以下）では，継続雇用者に対する給与等支給額の対前年度増加割合が3％以上であれば，雇用者全体の給与等支給増加額の10％を法人税額から控除できます。

＜算式＞

（当年度の雇用者給与等支給額－前年度の雇用者給与等支給額）×10％
＝税額控除額

（注1） 継続雇用者とは，当期および前期の全期間を通じて給与等の支給がある国内雇用者をいいます。

（注2） 雇用者給与等支給額とは，国内の事業所に勤務する使用人に支給する給料・賞与・手当（退職金を除く）の総額をいい，パート・アルバイトへの給与を含み，役員（使用人兼務役員を含む）およびその親族等に対して支給する給与は除かれます。

なお，実際に控除できる金額は，法人税額の20％を上限とします。

最大15％の控除率上乗せ措置

この特例については，税額控除額の上乗せ措置が3つ設けられています。

① 賃上げによる上乗せ

継続雇用者に対する給与等支給額の対前年度増加率に応じて，10％の控除率が次のように上乗せされます。

大 企 業

対前年度増加割合	税額控除率
＋３％	10%
＋４％	15%
＋５％	20%
＋７％	25%

中 堅 企 業

対前年度増加割合	税額控除率
＋３％	10%
＋４％	25%

② 教育訓練費による上乗せ

教育訓練費が雇用者給与等支給額の0.05％以上であることを条件に，その対前年度増加率が10％以上であれば，控除率が５％上乗せされます。

（注） 教育訓練費とは，次のものをいいます。
- 自らが行う教育訓練の外部講師謝金・外部施設使用料
- 他の者に委託する場合の委託費
- 他の者が行う教育訓練への参加費

③ 子育て両立・女性活躍支援による上乗せ

厚生労働省の定める「くるみん」（子育て両立支援）または「えるぼし」（女性活躍支援）の一定レベル以上の認定を受けている場合には，控除率が５％上乗せされます。

以上の上乗せ措置により，控除率は最大で30％となります。

中小企業ではさらに有利な特例

中小企業（資本金１億円以下の法人）においては，継続雇用者ではなく雇用者全体の給与総額の対前年度増加割合で判定し，それが1.5％以上のとき給与等支給増加額の15％を法人税額から控除できます（所得拡大促進税制）。

＜算式＞

（当年度の雇用者給与等支給額－前年度の雇用者給与等支給額）×15％
＝税額控除額

（注） 実際に控除できる金額は，法人税額の20％を上限とします。

中小企業では，雇用者給与等支給額の対前年度増加率が2.5％以上であれば，控除率が30％となります。また，教育訓練費の増加，くるみん・えるぼし認定による上乗せも，大企業や中堅企業と同様に認められています。

さらに中小企業では，適用要件を満たす賃上げを行い，赤字決算等で控除しきれない控除額があるときは，それを５年間繰り越すことができます。ただし，繰越し控除を行う事業年度の雇用者給与等支給額が，前年度より増加していることが条件とされています。

XIII 申告と納税

> 法人税の申告と納税は，原則として決算日から２か月以内に行います。また，会計期間が６か月を超える場合は中間申告で半年分の概算額を納めます。地方税の住民税や事業税も法人税と同じ時期に申告と納税をします。

期末から２か月以内に確定申告

会社は，納付すべき税額の有る無しにかかわらず，期末日の翌日から２か月以内に法人税の「確定申告書」を提出しなければなりません。提出先は，提出時の納税地を管轄する税務署です（期末日の納税地ではありません）。

提出期限については，税務署の執務時間終了後でも税務署の入口に設置されている“文書受付箱”に投函すれば，その日に税務署に提出されたことになります。なお，申告期限が土曜日・日曜日または祝日ならその翌日が提出期限です。

税務署に書類を郵送するときは，原則として，それが実際に到達した時に提出されたものとされますが，申告書（添付書類を含む），申請書，届出書は，発信主義により郵便物の消印日付けに提出されたものとされます。

（注） 上記以外の書類は，発信主義ではなく到達主義で提出日が判定されますからご注意ください。

大企業の電子申告義務

大法人は，法人税・住民税・事業税・消費税の申告書を電子申告で提出しなければなりません。

	法人税・ 地方法人税	消費税・ 地方消費税	道府県民税・ 市町村民税・ 事業税
申告書	e − Tax	e − Tax	eLTax
添付書類	e − Tax または 光ディスク	e − Tax	eLTax または 光ディスク

この取扱いの対象法人は，期首の資本金額が１億円超の法人で，消費税の電子申告は，国および地方公共団体も対象となります。

延長申請書を提出すれば申告期限が最大４か月延長

法人税の申告期限は，原則として期末から２か月以内ですが，次のように申告期限の延長が認められる場合もあります。

① 会計監査人の監査などで決算の確定が遅れる場合は，税務署に申請し承認を受け申告書の提出期限を１か月間（特別の事情があれば税務署長の指定する１か月以上の期間）延長できます。

（注） 会社法で，資本金が５億円以上または負債総額が200億円以上の株式会社は，会計監査が義務づけられており，これらの会社は通常この特例を受けています。
　なお，それ以外の小規模の会社でも，たとえば期末から３か月以内に株主総会を開催する場合は，申告期限の延長が認められます。

② 会計監査人を置いている会社で，決算期末後３か月以内に定時株主総会を招集しない旨を定款で定めている場合，税務署に申請し承認を受けて４か月を超えない（期末後最大６か月までの）範囲内で，申告書の提出を延長できます。

（注） 会社法で，資本金が５億円以上または負債総額が200億円以上の株式会社には，会計監査が義務づけられています。

③ 災害などで決算が確定しないため，申告書を提出期限までに提出できない場合も，税務署に申請して提出期限を延長することができます。

申告期限の延長に伴い延納したときは利子税がかかる

確定申告書を提出すれば，その申告書に記載した法人税額を納付しなければなりません。納期限は申告期限と同じく，原則として期末から２か月以内ですが，上記①または②の特例を受けているときは，その期限まで納税が猶予されます。

ただし，その場合は本来の納期限（期末から２か月以内）の翌日から実際の納税日までの期間に応じ，「利子税」（現在，年利率0.9%）がかかります。実務では利子税の負担を回避するため，本来の納期限に所要額を「見込納付」するのが一般的です。

中間申告には２つのやり方がある

会計期間が６か月を超える会社は，期首から６か月を経過した日から２か月以内（たとえば３月末決算なら11月末まで）に，「中間申告」をしなければなりません。

中間申告には，次の２つの方法があります。

① **予定申告書の提出**

前期の法人税額を基礎として，次の算式により月割りで計算するやり方です。

<算式>

$$前期分の法人税額 \times \frac{6}{前期の月数} = 予定納税額$$

（注） 予定納税額が10万円以下なら，中間申告は不要です。

② **仮決算による中間申告書の提出**

６か月間を１つの会計期間とみて仮決算を行い，その利益に基づいて所得と法人税額を計算するやり方です。

予定申告書方式は簡単

上記①と②のいずれの方法で申告する場合でも，中間申告の納税は確定申告で納付する税金の前払いですから，期末の確定申告で税額を精算します。もし，中間申告の納税額が年額を超えるときは，超える部分の税額は還付されます。

ところで，予定申告書を提出する場合は，たとえば1年決算会社なら，要するに前期の法人税額の半分を納めるということで計算が簡単です。現実には，税務署側で内容を記入した予定申告書の用紙が会社に送られ，そこに署名押印して提出するだけのことですから，手続的にも簡単です。

所得が減ったときは仮決算方式

一方，仮決算による中間申告書の提出は，手間暇がかかります。減価償却や引当金の計上など，本決算と同様の計算を中間時点でしなければなりません。そういう事情から，中小企業では一般に予定申告書を提出するケースが多いのですが，前期より所得が減少しそうなときは一考を要します。

たとえば，上半期の業績が赤字のとき，仮決算による中間申告なら納税額は0なのに，予定申告書を提出すると前期の$\frac{1}{2}$の税金を納めなければならないからです。もちろん，通期で赤字なら予定納税額は確定申告で還付されますが，それにしても資金繰りのことを考えれば不利です。

なお，源泉所得税の還付は，確定申告でのみ認められます。仮決算をしても，中間申告では還付を受けられません。

(注) 次の場合には，仮決算による中間申告書の提出はできません。

① 予定納税額（前事業年度の年額×$\frac{1}{2}$）が10万円以下で中間申告書の提出が不要である場合

② 仮決算による中間申告の税額が予定納税額を超える場合

納付税額に不足があれば修正申告

申告書を提出したあと税務署から更正を受けるまでは，次のような場合に所得金額や税額を修正する申告書（「修正申告書」）を提出することができます。

① 先の申告書に記載した税額に不足があるとき

② 先の申告書に記載した欠損金額が過大であるとき

③ 先の申告書に記載した還付金額が過大であるとき

④ 先の申告書に納付税額を記載しなかった場合で納付すべき税額があるとき

修正申告には加算税や延滞税がかかる

修正申告書を提出すれば，次のように加算税や延滞税がかかります。

① **過少申告加算税**

(a) 修正申告で納付する税額（増差税額）の10％

(b) 増差税額のうち期限内申告税額または50万円のいずれか多い金額を超える部分には15％

(c) 自発的に修正申告すれば，過少申告加算税はかかりません。

② **無申告加算税**

(a) 期限後の確定申告に対する修正申告で納付する増差税額の15％～30％

(b) 自発的に修正申告すれば，無申告加算税は５％に軽減されます。

(注) 申告期限から１か月以内に自発的に申告書を提出し，かつ，申告期限までに全額納税済みのときは，無申告加算税はかかりません。

③ **重加算税**

税額計算の基礎になる事実を隠蔽または仮装したときは，①・②に代えて次のように重加算税がかかります。

過少申告加算税に代わる課税　⇨　増差税額の35％
無申告加算税に代わる課税　⇨　増差税額の40％

④ **延 滞 税**

(a) 納期限までの期間または納期限の翌日から2か月を経過する日までは未納税額に対し年2.4%，その後の期間は年8.7%の割合で計算します。

(注) 修正申告による納期限は修正申告書の提出日ですから，その日から2か月以内に追徴税額を納めれば延滞税の税率は2.4%です。

(b) 確定申告期限から1年後以降の修正申告については，重加算税の対象となるものを除き，延滞税の計算期間は1年間限りです。

事業税の修正申告をするか否かで加算金の扱いが異なる

法人税の修正申告をすれば，通常，あわせて住民税と事業税も修正申告します。その際，国税と同じように地方税でも，ペナルティーとして加算金（過少申告加算金，不申告加算金，重加算金）と延滞金がかかります。

(注) 税率は，国税の加算税および延滞税と同じです。

なお，住民税には加算金の制度がありませんから，これがかかるのは事業税だけです。また，自発的に修正申告すれば過少申告加算金はかからず，また，不申告加算金の税率も軽減されます。

“自発的に修正申告した”かどうかは，都道府県によって若干取扱いが違います。たとえば大阪府の場合，税務署に対する修正申告後1か月以内に府税事務所に修正申告書を提出すれば，その取扱いが受けられます。修正申告をせず更正を受けたときは，通常どおりに加算金が課せられます。

(注) 都道府県によって，「1か月以内」という期間の制限のないところもあります。

地方税は修正申告しなくても，税務署に修正申告書を提出すれば1～2か月後に自動的に更正されるしくみになっています。結局，納税面で修正申告と更正の違いは，過少申告加算金の課税の有無（または不申告加算金の税率の違い）にあります。

納税額が過大なら更正の請求

申告書を提出したあと，所得金額や税額の計算が法律の規定に従っていなかったり，あるいは計算誤りがあるといった次のような誤りが判明したときは，その申告書の提出期限から５年以内は，「更正の請求」をしてその訂正を求めることができます。

① 申告書を提出して納付した税額が過大であるとき

② 申告書に記載した欠損金額が過少であるときまたは欠損金額の記載がなかったとき

③ 申告書に記載した還付金額が過少であるときまたは還付金額を記載しなかったとき

なお，申告期限から５年を経過した後でも，裁判の判決により所得金額や税額の計算の基礎となる事実が相違することになった場合など，一定の後発的理由が生じたときはその翌日から２か月以内に限り，更正の請求をすることができます。

税務署側の処分で税額が更正または決定されることがある

申告書に記載された所得金額や税額が法律の規定に従って計算されていなかったり，または税務署の調査したところと異なるときは，税務署は申告額を「更正」します。なお，納税者による更正の請求と区別して，これを職権更正と呼ぶことがあります。

申告による所得金額や税額が増加する場合だけでなく，減少する場合も更正です。また，申告義務があるのに申告書を提出しなかったときは，税務署はその調査したところに従って所得金額や税額を「決定」します。

税務調査による追徴は修正申告することが多い

税務調査を受けて追徴されることになったとき，修正申告をするかまたは更正処分を受けるか2通りの選択があります。通常は税務署側の勧めに従って，修正申告書を提出するケースが多いようです。

どちらを選択しても，法人税に対する加算税や延滞税の額は変わりません。ただし，更正または決定に対しては不服申立て（「再調査の請求」「審査請求」「訴訟」）ができますが，修正申告書を提出するとそれができません。

XIV グループ法人税制

1 導入の経緯

企業グループの一体的運営が進展する経済実態に合わせて，平成22年度の改正でグループ法人税制が創設されました。

企業グループ経営に着目した税制

最近，関連会社を100％子会社化し，あるいは純粋持株会社の下に事業子会社を並べて，グループ全体で経営資源の有効活用や新規分野への迅速な展開を図る，本格的なグループ経営の動きが進展しています。

こうした経済実態に合わせて，平成22年度の改正で「グループ法人税制」が創設されました。企業グループ経営に着目した税制としては，平成14年度に導入された連結納税制度（令和４年４月以後はグループ通算制度に改組）がありますが，これらの制度は法人の任意選択とされ，課税面と事務処理面での負担が大きいため，採用する企業はなかなか増加しない状況が続いています。

この間，事業部門の分社化や100％子会社化などによる本格的なグループ経営が加速化しており，そこで税制面において，グループ法人単体課税制度の導入および連結納税制度の改善を柱とする「グループ法人税制」が設けられました。

246

連結納税等を選択しない企業に強制適用

100％企業グループにおいて，連結納税制度（改組後のグループ通算制度）の適用は従来どおり法人の任意ですが，それを選択しなかったグループには，グループ法人単体課税制度が強制的に適用されます。この税制は特記するものを除き，平成22年10月１日から適用されています。

2　適用対象

グループ法人税制の適用対象は，一の者が100%支配するグループ内の企業です。

個人が支配する企業も含む

グループ法人税制の適用対象は，完全支配関係（一の者が発行済株式の全部を所有する関係）にある法人です。一の者には個人や外国法人も含まれるので，100%親会社・子会社の関係以外に，同一の外国法人の100%子会社である内国法人，同一の個人（同族関係者を含む）によって100%所有されている内国法人も適用対象とされます。

100%所有に関しては，一の者による直接支配だけでなく，次のように他の者による間接支配（いわゆる孫会社，兄弟会社）のケースも含まれます。

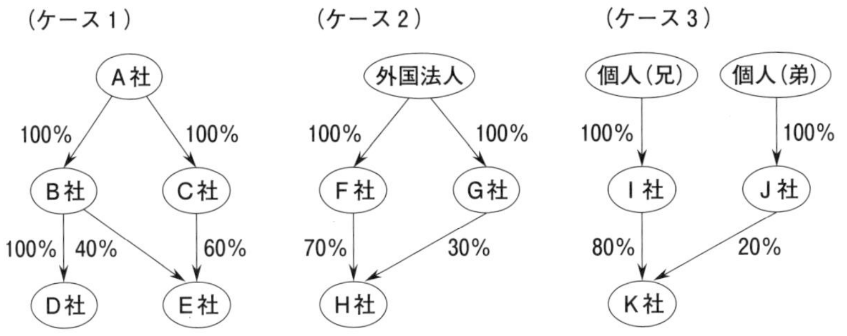

この場合，A社～E社，F社～H社，I社～K社はそれぞれ完全支配関係にあり，すべてグループ法人税制の適用対象となります。

3 グループ法人税制の取扱い

グループを一体の組織とみて，そのグループ内の取引で生じた損益はなかったものとされます。

【1】 譲渡損益の繰延べ

グループ外に譲渡するまで繰延べ

完全支配関係があるグループ法人間において，一定の資産（譲渡損益調整資産）を譲渡したことにより生ずる譲渡損益は，グループ外に譲渡するまで損益計上が繰り延べられます。すなわち，譲渡法人において譲渡利益または譲渡損失に相当する額を，申告調整により損金または益金に計上することとされています。

ここで，規制の対象となる譲渡損益調整資産とは，固定資産，土地等，有価証券，金銭債権および繰延資産をいい，棚卸資産は除かれます。また，固定資産等であっても，帳簿価額が1,000万円未満のものも除外されます。

［設例１］

Ａ社は，所有土地（簿価2,000万円）を完全支配関係があるＢ社へ5,000万円（時価）で売却しました。

［仕　訳］

＜Ａ社＞

（借）	現　　金	5,000万円	（貸）	土　　地	2,000万円
				土地売却益	3,000万円

↓ 別表４で減算

＜Ｂ社＞

（借）	土　　地	5,000万円	（貸）	現　　金	5,000万円

【2】 繰延損益の実現

譲受法人で譲渡した時点で譲渡法人が損益計上

譲渡損益調整資産を譲り受けた法人において，その資産の譲渡，償却，評価換え，貸倒れ，除却等の事由が生じたとき，譲渡法人側では譲渡時に繰り延べた譲渡損益について，一定の計算による金額を益金または損金に戻し入れることになります。

なお，100％グループ内において対象資産が再度譲渡された場合，この制度の本来の趣旨からすれば，グループ外に譲渡する時点まで損益計上を繰り延べるのが筋です。しかし，グループ内で転々とする資産の把握は実務的に困難を伴うため，同一資産についてグループ内で２回目の譲渡があったときは，その時点で損益を実現させることとされています。

［設例２］

設例１において，Ｂ社はＡ社から5,000万円で購入した土地を，完全支配関係があるＣ社へ6,000万円（時価）で売却しました。

［仕　訳］

＜Ｂ社＞

（借）現　金	6,000万円	（貸）土　地	5,000万円
		土地売却益	1,000万円

＜Ｃ社＞

（借）土　地	6,000万円	（貸）現　金	6,000万円

＜Ａ社＞

過去に減算処理した売却益（3,000万円）を別表４で加算

【3】 寄 附 金

グループ内の寄附は単なる資金移動

100%グループ内における内国法人間の寄附金については，その実態を内部の資金移動ととらえて，支出側で全額損金不算入，受領側は全額益金不算入とされます。なお，個人により100%保有される法人間の寄附については，この規定は適用されず通常どおりの扱いとされます。

支出側：

（借）寄　附　金　×××　（貸）現 金 預 金　×××

↓

別表４で加算

受領側：

（借）現 金 預 金　×××　（貸）受　贈　益　×××

↓

別表４で減算

【4】 受取配当金

グループ内の配当は経営事業からの資金移動

完全支配関係にある内国法人からの配当等については，負債利子の控除を行わず受取額の全額が益金不算入とされます。この取扱いは，完全子会社からの配当は親会社が間接的に行う事業からの資金移動との見方によるものです。

【5】 中小法人向け特例措置の制限

中小法人（資本金1億円以下）に対する次の特例については，資本金額が5億円以上の法人の100％子会社(注)には適用されません。

（注） 100％グループ内の複数の大法人により，発行済株式の全部を保有されている法人も同様です。

① 15％の軽減税率
② 留保金課税の不適用
③ 貸倒引当金の設定
④ 交際費課税における定額控除制度
⑤ 欠損金の全額繰越控除制度
⑥ 欠損金の繰戻し還付制度

大会社の子会社については，単独の中小零細企業と異なり資金調達能力等に対する政策的配慮の必要性が乏しいこと，また，大会社が事業部門を中小法人に分社化した場合と1社集中の場合とで，税負担が大きく異なることは適当でないとの判断から，上記の中小企業向け特例は不要とされています。

XV 企業組織再編成の税務

1 会社分割・合併等の税務

【1】 会社分割とは

平成12年の旧商法改正で会社分割制度が導入されました。これは，会社の“営業”を他の会社に承継させるための制度です。

4通りの会社分割

会社分割には，(a)新設分割と吸収分割，(b)分割型分割と分社型分割の2通りの分類があります。

(注) 以下，営業を分割する会社を「分割会社」，引き継ぐ会社のことを「承継会社」と呼ぶことにします。

(a)の分類は，承継会社が新設会社と既存会社のいずれであるかの違いです。いうまでもなく，新しく会社を作るのが「新設分割」，既にある会社を使うのが「吸収分割」です。

(b)は，承継会社が発行する株式の割当先の違いによる分類です。分割会社の“株主”に割り当てるのが「分割型分割」，“分割会社自身”に割り当てるのを「分社型分割」といいます。

以上により会社分割は，次の4つの類型に分類されます。

① 分割型・新設分割

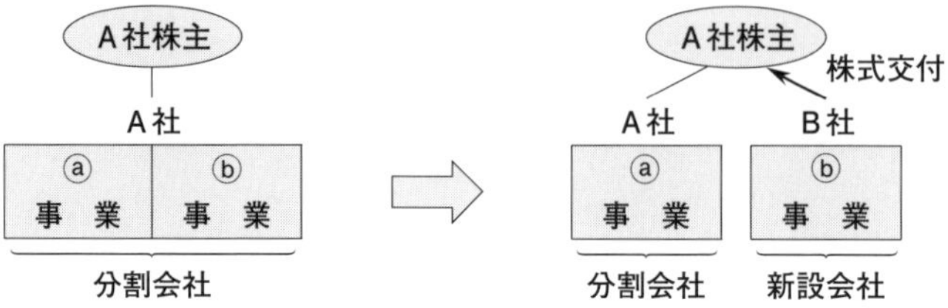

② 分割型・吸収分割

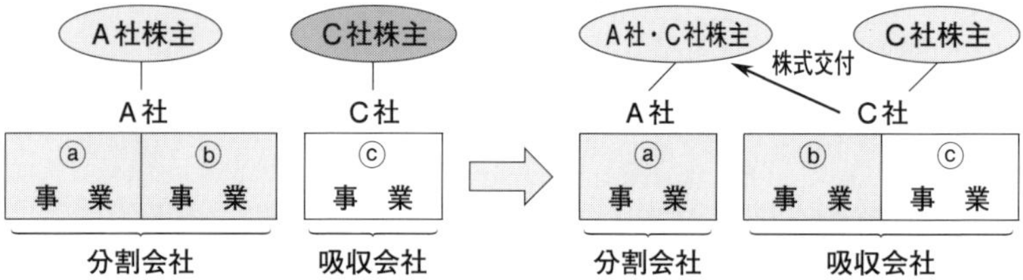

③ 分社型・新設分割

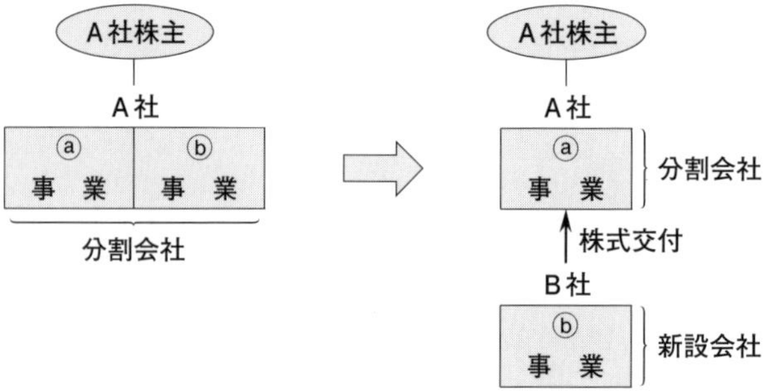

④ 分社型・吸収分割

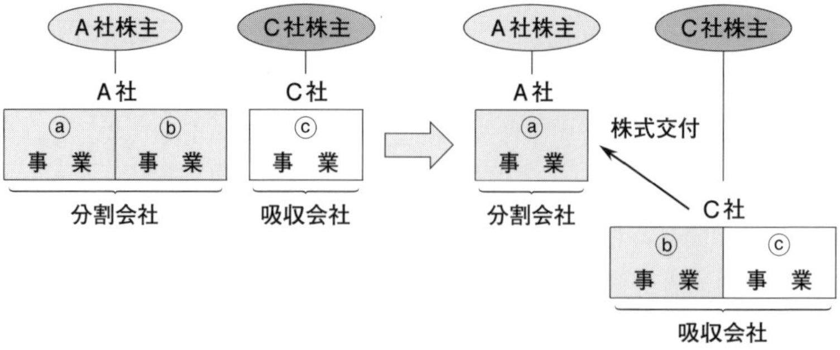

合併や営業譲渡を含む

会社分割は旧商法で新たに設けられた制度ですが，実質的な内容は従来からある合併，営業譲渡，現物出資などと同じです。

たとえば，分割型の吸収分割（②）で営業の全部を既存会社に承継し分割会社が解散すれば，合併と同じ効果をもちます。また，分社型の新設分割（③）は実質上，現物出資で子会社を設立するのと同じです。あるいは，分社型の吸収分割（④）を吸収会社側からみれば，結局は現物出資による増資となります。

【2】 税務上の取扱い

法人税法では，次の２通りのケースに分けてそれぞれ適格要件を定めています。

- 企業グループ内の組織再編成
- 共同事業を行うための組織再編成

適格・非適格の区別が重要

法人税法で定める適格・非適格の区別をフローチャートで示せば，次のとおりです。

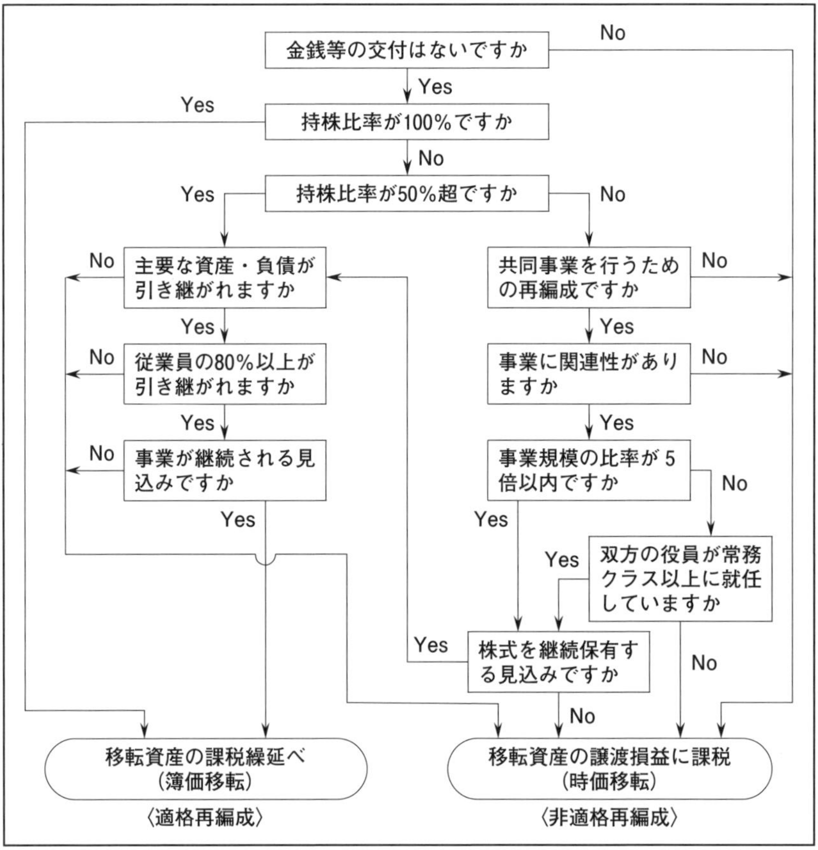

税制適格なら税金がかからない

会社分割や合併などで資産を他に移転する場合，原則として時価で譲渡したものとされ譲渡損益を計上しなければなりません。ところが，税制上の“適格”組織再編成に該当すれば，簿価による引継ぎが認められ譲渡損益は計上されません。

適格組織再編成においては，移転資産に適用される諸制度や引当金の引継ぎについても，それまでの課税関係がそのまま継続されます。また，繰越欠損金を引き継ぐこともできます。

非適格なら譲渡損益を計上

非適格組織再編成の場合には，移転資産につきすべて時価による譲渡損益を認識し課税関係が生じます。分割直前の事業年度において，分割会社側で譲渡損益を計上しなければなりません。

［設例１］（分割型新設分割のケース）

A社（分割会社）の一部門（T部門）を分離・独立させるため，会社分割によりB社（承継会社）を設立しました。B社が分割に際し発行する株式は，すべてA社の株主に交付しました。

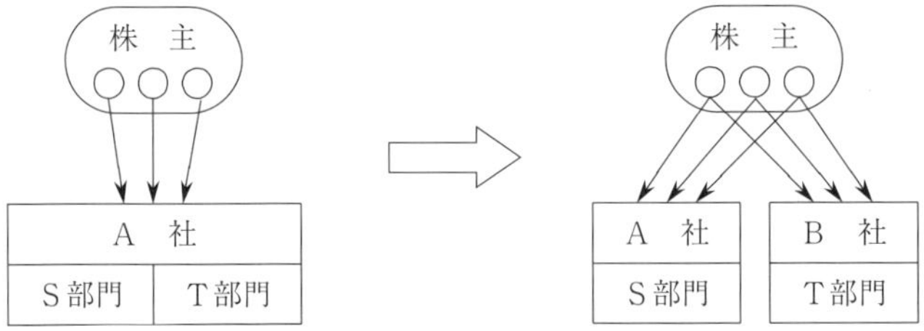

A社の分割前の貸借対照表は，次のとおりです。

貸　借　対　照　表

S　部　門	1,800万円 （時価4,000万円）	資　本　金	1,000万円
		利益剰余金	2,000万円
T　部　門	1,200万円 （時価3,000万円）		
計	3,000万円	計	3,000万円

[計　算]

(1) **適格分割の場合**

(借)	資　本　金	400万円	(貸) T　部　門	1,200万円
	利益剰余金	800万円		

(注) 資本の部は，簿価純資産の割合で減少します。

(2) **非適格分割の場合**

(借)	資　本　金	400万円	(貸) T　部　門	1,200万円
	利益剰余金	2,600万円	譲　渡　益	1,800万円

(注) T部門を時価で移転するので，譲渡益1,800万円に課税されます。

[分割後の貸借対照表]

(1) **適格分割の場合**

A　社

S　部　門	1,800万円	資　本　金	600万円
		利益剰余金	1,200万円
計	1,800万円	計	1,800万円

B　社

T　部　門	1,200万円	資　本　金	400万円
		利益剰余金	800万円
計	1,200万円	計	1,200万円

(2) **非適格分割の場合**

A　社

S　部　門	1,800万円	資　本　金	600万円
		利益剰余金	1,200万円
計	1,800万円	計	1,800万円

B　社

T　部　門	3,000万円	資　本　金	400万円
		利益剰余金	2,600万円
計	3,000万円	計	3,000万円

［設例２］（合併のケース）

Ａ社（合併会社）がＢ社（被合併会社）を吸収合併しました。合併時のＢ社の貸借対照表は，次のとおりです。

貸　借　対　照　表

資　　産	5,000万円	負　　債	2,500万円
	（時価6,000万円）	資　本　金	1,000万円
		利益剰余金	1,500万円
計	5,000万円	計	5,000万円

合併により増加する資本金は，700万円です。

［仕　訳］

⑴　**適格合併の場合**

（Ａ社の受入仕訳）

（借）	資　　産	5,000万円	（貸）	負　　債	2,500万円
				資　本　金	700万円
				資本剰余金	300万円
				利益剰余金	1,500万円

（注）　資本剰余金は，「合併減資差益」（資本金等）です。

⑵　**非適格合併の場合**

（Ｂ社のみなし事業年度の仕訳）

（借）	資　　産	6,000万円	（貸）	資　　産	5,000万円
				譲　渡　益	1,000万円
（借）	利益剰余金 （法人税等）	400万円	（貸）	資　　産 （現金預金）	400万円

（注）　譲渡益に対して400万円課税されたものとします。

（Ａ社の受入仕訳）

（借）	資　　産	5,600万円	（貸）	負　　債	2,500万円
				資　本　金	700万円
				資本剰余金	300万円
				利益剰余金	2,100万円

2 株式交換・株式移転の税務

【1】 株式交換・移転制度とは

平成11年の旧商法改正で，株式交換と株式移転の制度が創設されました。現在，持ち株会社方式による企業グループの形成のほか，M&A や事業のリストラなどの局面で広く利用されています。

株式交換で100％子会社化

「株式交換」とは，既存の会社（A社）が他の会社（B社）を100％子会社にするため，その会社の全株主からすべての株式を取得し，対価として自社の株式を交付する手法です。

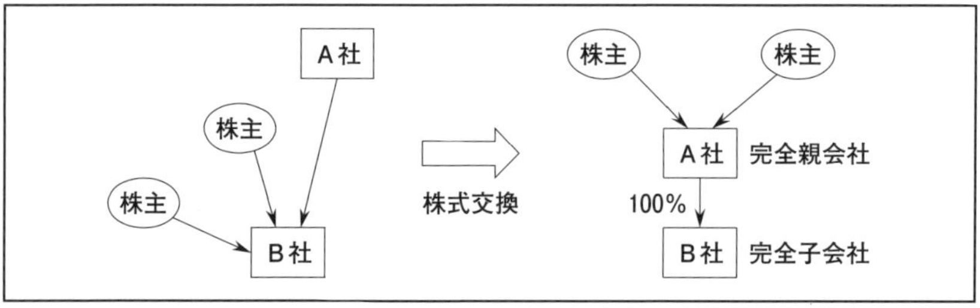

株式交換の結果，上図のようにA社が「完全親会社」，B社は「完全子会社」となります。そして，従来B社の株主であった者はA社の株主に変わり，100％子会社にすることで子会社経営への発言力を強化し，グループ企業の経営一体化を進めることが容易になります。

株式移転で持ち株会社を設立

「株式移転」とは，既存の会社（B社）が自社の株式を100％保有する持ち株会社（A社）を設立する手法をいいます。

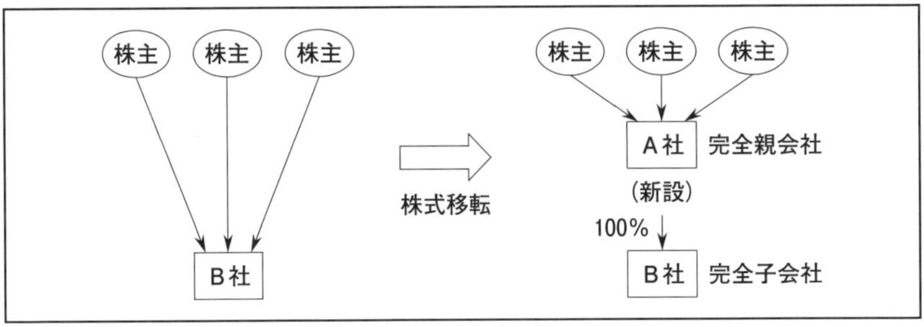

ここで新しく設立される完全親会社（A社）は，通常，純粋持ち株会社が想定されます。そこで，A社が企業グループの経営を統括する存在であるためには，従来B社が有していた子会社（C社，D社）を兄弟会社化する必要があります。

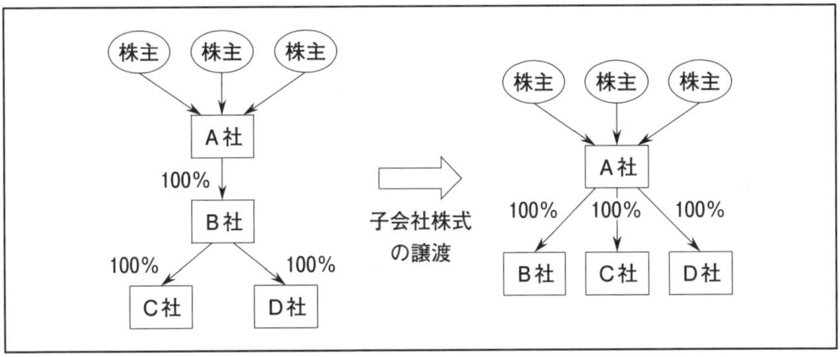

この手法を使えば，複数の会社（B社，C社，D社）が共同して株式移転を行い，共同持ち株会社たる完全親会社（A社）を設立することも可能です。

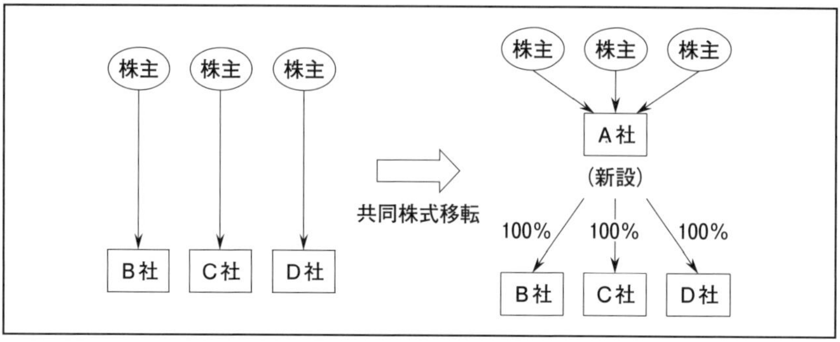

いずれにせよ，株式移転の制度は，今後も純粋持ち株会社の設立によるグループ経営の効率化や，グループ外の企業集団との資本的結合などを目的に活発に利用されると考えられます。

【2】 税務上の取扱い

株式交換と株式移転の制度に対して税務上，次の取扱いが設けられています。
① 完全子会社の株主の課税関係
② 子会社を兄弟会社化する際の課税関係

株式移転で株式を売却しても課税されない場合もある

完全子会社（B社）の株主が，保有株式を完全親会社（A社）に売却すれば，売却損益が生じます。しかし，対価が完全親会社の株式だけのときは，旧株の帳簿価額を新規に取得する株式の時価とみるので，売却損益は計上されず課税されません。

［設例１］

A社（完全親会社）は，B社（完全子会社）の株主であるM社からB社株式を購入し，B社株式１株につきA社株式１株を割り当て，さらに１株あたり40円の金銭を交付しました。

株式交換時におけるA社株式（額面500円）の１株あたりの時価は960円です。また，M社の所有するB社株式（額面500円）１万株の帳簿価額は600万円でした。

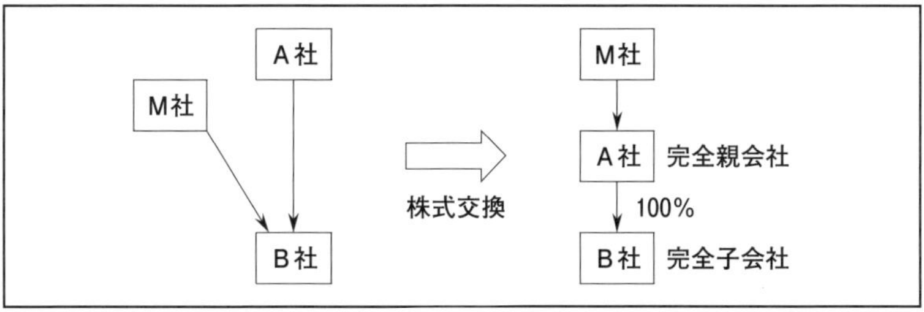

［仕　訳］

A社株式以外に金銭の交付を受けているので，通常どおり課税されます。

⑴ M社（株主）

（借）	A 社 株 式	960万円	（貸）	B 社 株 式	600万円
	現　　金	40万円		譲 渡 益	400万円

⑵ **A社（完全親会社）**

（借）	B 社 株 式	1,000万円	（貸）	資 本 金	500万円
				資本剰余金	460万円
				現 金	40万円

子会社を兄弟会社化する際にも課税されない

株式移転後に，完全子会社が保有していた他の子会社株式を完全親会社に売却することがあります。このとき完全子会社が，完全親会社（持ち株会社）の設立より1年以上前からその子会社株式を100％保有していたのであれば，次の3要件を満たす場合には，売却益相当額を損金に算入することができます。

① 子会社株式の売却時の時価が完全子会社の帳簿価額を超えていること

② 完全親会社の受入れ価額が完全子会社の帳簿価額と同額であること

③ 完全親会社の第2事業年度末までに，対象となる子会社株式の全部の譲渡が完了していること

［設例２］

Ｂ社（完全子会社）の株主であるＮ社は，株式移転によりＡ社（完全親会社）を設立し，その後Ｂ社が100％出資するＣ社（兄弟会社）の株式がＡ社に売却されました。

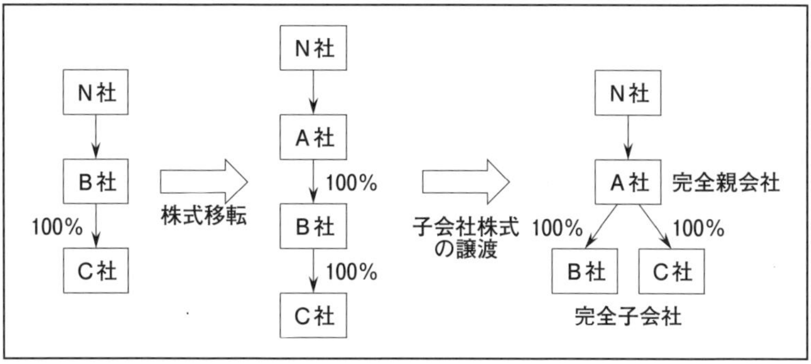

Ｂ社株式１株につきＡ社株式を１株（額面500円）割り当てます。なお，Ｎ社の所有するＢ社株式（額面500円）１万株の帳簿価額は600万円で，Ｂ社におけるＣ社株式の帳簿価額は100万円（時価150万円）です。

［仕　訳］

⑴　株式移転時

①　Ｎ社（株主）

（借）	Ａ社株式	600万円	（貸）	Ｂ社株式	600万円

②　Ａ社（完全親会社）

（借）	Ｂ社株式	600万円	（貸）	資本金	500万円
				資本剰余金	100万円

⑵　子会社株式売却時

①　Ｂ社（完全子会社）

（借）	現金	150万円	（貸）	Ｃ社株式	100万円
				譲渡益	50万円

（注）　法人税申告書の別表４で譲渡益相当額を減算します。

②　Ａ社（完全親会社）

（借）	Ｃ社株式	150万円	（貸）	現金	150万円
	株式圧縮損	50万円		Ｃ社株式	50万円

（注）　法人税申告書の別表４で株式圧縮損を加算します。

著 者 紹 介

鈴木《すずき》　基史《もとふみ》（公認会計士・税理士）

＜略　歴＞

昭和48年　神戸大学経営学部卒業

平成15年～17年　税理士試験委員

平成21年～24年　公認会計士試験委員

＜主な著書＞

「法人税申告書作成ゼミナール」「法人税申告書別表４・５ゼミナール」「法人税申告の実務」「わたしは税金」「根拠法令から見た法人税申告書」「消費税申告書作成ゼミナール」（以上清文社刊），「最新法人税法」「条文で学ぶ法人税申告書の書き方」（以上中央経済社刊）他

＜事務所＞

大阪市北区中之島５－３－68

リーガロイヤルホテル1453号室

TEL　06-6225-9420

新版　やさしい法人税

2024年6月15日　初版第1刷発行

著　者　鈴木　基史

発行者　大坪　克行

発行所　株式会社 税務経理協会
〒161-0033東京都新宿区下落合1丁目1番3号
http://www.zeikei.co.jp
03-6304-0505

印　刷　税経印刷株式会社

製　本　牧製本印刷株式会社

本書についての
ご意見・ご感想はコチラ

http://www.zeikei.co.jp/contact/

ISBN 978-4-419-07229-2　C3032